Embedded Financ

嵌入式金融大衝擊

エンベデッド・ファイナンスの衝

從Google、Apple，到IKEA、賓士，
科技巨擘與零售龍頭都爭先布局的創新金融版圖

日本趨勢策略研究權威
野村綜合研究所
城田真琴

駱香雅———譯

前言

「所有的企業都將成為金融服務公司。」（Every Company Will Be A Financial Services Company）

這句話來自在美國具代表性的安霍創投（Andreessen Horowitz，簡稱a16z）擔任普通合夥人的安琪拉・斯特蘭奇（Angela Strange）。她在二〇一九年十一月舉辦的公司年度活動「a16z Summit」演說中所說的這句話，引起很大的迴響。

她的主張是「在不遠的將來，幾乎每家公司的大部分收益都將來自金融服務」，從銀行、證券和保險公司以外的企業也開始提供金融服務的現況來看，她這個論點並不唐突。在海外，谷歌（Google）、亞馬遜（Amaozn）和蘋果（Apple）等ＩＴ巨頭也開始涉足支付、融資、信用卡發行，甚至提供銀行帳戶。

在日本國內，提供即時通訊應用軟體的LINE，繼與野村控股共同出資成立「LINE 證券」之後，又準備與瑞穗金融集團共同出資成立「LINE 銀行」。另外，二〇〇八年 KDDI 與三菱 UFJ 銀行共同出資成立「Jibun 銀行」（現為 au Jibun 銀行），二〇一四年設立 KDDI 金融服務（綜合分期付款斡旋業）、二〇一六年設立 KDDI Reinsurance（再保險業務）、二〇一八年成立 KDDI 資產管理公司（投資管理業務）等，陸續拓展各項金融服務。

從不同行業跨足金融業的情況已不再罕見，有些公司從金融業務中獲得的利潤甚至已經超過本業。一般來說，丸井集團給大眾強烈的印象是零售業，然而在二〇二〇會計年度，該集團零售業務的營業利益為十五億日圓，而以信用卡「Epos Card」手續費收入為主的金融業務，其營業利益達到二百零三億日圓。在金融業務中實際賺取的營業利益是零售業務的十倍以上。

該公司是以按月分期方式銷售傢俱起家，一九六〇年在日本率先發行信用卡，從創業初期就開始推動結合零售與金融的商業模式。在二〇一八年二月，還成立銷售投資信託的「tsumiki 證券」，並以二十歲至三十九歲的千禧世代（一九八〇年至一九九五年之間出生的世代）為目標客群。

然而本書的主題並不是單純指從不同產業跨足金融行業。在日本，「嵌入式金融」（Embedded Finance）也被稱為「模組化金融」，已成為金融服務的新趨勢。本書將在第一章詳盡說明嵌入式金融的定義，簡而言之，就是指「從事金融業務以外的非金融公司將金融服務嵌入現有服務中，並提供金融服務」。這裡的重點是「在現有服務中嵌入金融服務」，換言之，單純引薦金融服務公司，或透過子公司提供金融服務者都不能稱為嵌入式金融，必須是在現有服務中嵌入金融服務才符合其定義。為何稱之為「嵌入」，雖然難以定義，但是我將在後面章節中以具體的例子詳細說明。

嵌入式金融的主角既不是傳統的金融機構，也不是過去幾年在金融產業掀起熱潮的金融科技（Fintech）公司。而是零售業、電信業、服務業和ＩＴ產業等非金融公司。一開始曾提到「所有的企業都將成為金融服務公司」這句話，換言之，就是「現在尚未提供金融服務的公司也將開始提供金融服務」的意思。

為了避免誤解，在此先說明一下，無論是傳統的金融機構還是金融科技公司，毫無疑問地都將扮演關鍵角色。如果少了持有金融業營業執照的傳統金融機構，以及透過應用程式介面（Application Programming Interface；API）提供金融功能的金融科技公司，就不可能實現嵌入式金融。但是，嵌入式金融的主體是與大量客戶接觸的非金融公司，將金融服務整合到自家公司的現有服務中，並向客戶提供金融服務。就此特點而言，非金融公司才是嵌入式金融的主角。

我曾在二〇一六年出版的《金融科技的衝擊》（東洋經濟新報社）中引述微軟創辦人比爾・蓋茲（Bill Gates）所說的一句話，他曾在一九九四年表示：「我們需要銀行的功能，但不需要銀行。」（Banking is necessary, banks are not）。在撰寫那本書的時候，我認為「如果我們不再需要銀行，未來將由金融科技公司提供新的銀行功能吧」。然而，經過約五年之後的現在，儘管面臨巨大的變革浪潮，但銀行在金融業依舊保有一席之地。除了極少數的例外，金融科技公司目前尚未能取代銀行和大型保險公司，也尚未掌握金融服務的主導權。在海外，反倒是大型金融機構將金融科技公司納入旗下的動作引起關注，例如，摩根大通（JPMorgan Chase）收購自動化投資顧問服務公司 Nutmeg、美國運通收購線上借貸平台Kabbage等。在金融事業中，信用和信任感是最重要、必不可少的，正因為如此，創業不久的金融科技公司很難在一朝一夕之間取代存在已久的大型金融機構，贏得顧客的信任。

但是，如果對象換成是平時就能接觸到消費者的零售業和電信業者時，情況又會是如何呢？假使是消費者每週、每個月都會購買，或是使用其服務的關係，應該已經建立起相當程度的信任關係吧。雖然在提供金融服務一事上仍是未知數，但是，這些非金融公司能定期與顧客接觸就是一大優勢。

請各位回想看看。你還記得最後一次去銀行是什麼時候嗎？在日本政府大力推動之下，現在漸漸朝向無現金化發展，但是日本人至今仍經常使用現金，大家或許會為了使用ＡＴＭ去銀行。不過，除了這個目的之外，也有很多人幾乎沒什麼機會去銀行，不是嗎？

那麼其他金融服務的情況又是如何呢？就拿保險為例，跟顧客接觸的機會甚至變得更少。不談必須一年更新一次的汽車保險，就拿壽險和醫療保險來說，許多人在買了保險之後，就再也沒機會跟保險公司聯絡吧。如果很幸運是身體健康、與生病無緣的人，除非遇到結婚生子這種人生大事，不然也沒機會重新檢視保險契約內容，從買保險之後就被保險業務員放生的人也不在少數。壽險公司在客戶簽約之前，如何創造機會並持續接觸消費者，也成為當前的重要課題。

若換成是平常就有機會接觸消費者的非金融公司，就能在消費者需要金融服務的最佳時機提供各種商品和服務。舉例而言，某間經營服飾電商網站的公司，遇到一位打算購物的消費者，「我想買這件衣服。但是這個月手頭很緊」，此時就是推銷金融服務的好機會。如果能在這個時候提出「延後付款（支付）」的選項，即可在顧客購買意願最旺盛的時機促成交易。這就是在電子商務（EC）的既有服務中嵌入延後付款這項金融服務的例子；如果是旅行社，則或許可以向計畫海外旅行的消費者提供旅遊貸款方案。透過上述方式，根據消費者所處的背景或環境（情況），在最佳時機提出適合的建議。換句話說，能夠結合消費者的行為脈絡提供金融商品或服務，這一點就成為非金融公司跨足嵌入式金融的巨大動力。

不過，這絕不是新的概念。例如，汽車銷售商提供的汽車貸款，或許可說是嵌入式金融的濫觴吧。在一九二〇年代，為了讓低所得家庭也買得起中高檔汽車，美國通用汽車（General Motors）和克萊斯勒（Chrysler）開始提供汽車貸款。在車貸的助力之下，通用汽車超越當時全球最大的汽車公司福特汽車（Ford），搶下市占率第一的寶座，車貸發揮出極大的效果。

那麼，當時和現在有什麼不同呢？不同之處有三點：第一，現在不只應用於汽車銷售公司，諸如服飾、旅行、家電銷售等各行各業都逐漸採行；第二，不只線下（實體店鋪），電子商務等網路交易也能提供相關金融服務，而且能快速申請；第三，金融服務的種類不只是貸款（融資），還拓展到支付、投資和保險等。

根據美國私募股權公司光年資金（Lightyear Capital）的預測，美國嵌入式金融的市場規模將從二〇二〇年的二百二十五億美元，成長到二〇二五年的二千二百九十八億美元，在五年間成長超過十倍。美國的狀況當然不能直接套用在日本，但事實上許多金融業界的從業人員都在密切關注以美國為主的歐美市場動向。

近年來，日本逐漸放寬對金融方面的管制規定。尤其是在二〇二〇年時，將規範金融商品銷售的《金融商品販售法》更名為《金融服務提供法》，並設立「金融服務仲介業」，只需單一註冊就能仲介銀行、證券、保險等所有領域的服務，另外還修訂《支付服務法》，讓銀行以外的機構可經手超過一百萬日圓的匯款業務。可說是為零售業和服務業等行業，打造出容易提供各種金融服務的環境。

本書主要介紹歐美市場嵌入式金融的發展趨勢，同時穿插一些日本國內剛剛萌芽起步的案例，並且探討嵌入式金融的今後展望。

在第一章當中，先回顧迄今為止的金融業，特別是近幾年與金融科技有關的動向，並且說明嵌入式金融的發生背景、產業結構和主要參與者。

在第二章當中，介紹支付、貸款、保險等構成嵌入式金融的五個主要領域，以及歐美市場有趣的服務案例。另外，也詳盡介紹 Shpoify 和高盛等積極致力於嵌入式金融的企業。

在第三章當中，針對日常就能接觸到消費者，如谷歌、蘋果、亞馬遜等大型科技企業在美國的嵌入式金融戰略進行解說。

第四章將視線轉回日本國內，介紹Z控股（Z Holdings）、二手交易平台Mercari等網路公司領先業界的對策。此外，對於隱身於幕後、支援非金融公司進入嵌入式金融行列的銀行和金融科技公司，也將在本章解說其動向，並針對今後的方向加以考察和研究。

第五章則著眼於席捲中國和東南亞的超級應用程式（Super App），並預測嵌入式金融的未來發展。

看準在全球肆虐的新冠肺炎疫情平息後的發展潛力，著手研究新事業的企業也不在少數。金融產業自不必說，對於非金融產業來說，嵌入式金融的潮流也是不容忽視的巨大浪潮。如果本書能在您研究新事業時有所助益，本人將不勝榮幸。

目錄

contents

第二章

歐美的嵌入式金融

第三章 科技龍頭也加入嵌入式金融的行列 103

第五章 嵌入式金融的未來

第一章

何謂嵌入式金融？

不斷變革的金融產業

近年來，與金融產業有關的環境瞬息萬變。尤其是自二〇一五年以來，「金融科技」（Fintech）一詞在媒體上大肆宣揚之後，「開放式創新」（open innovation）、「數位化」、「數位轉型」（digital transformation，DX）等，讓整個金融產業都籠罩在商業潮流的影響之下，被迫面臨巨大的變革。

尤其是金融科技浪潮與大企業的開放式創新熱潮和時機重疊，因此既有的金融機構加快腳步，積極投資金融科技領域的新創公司或與其攜手合作，或將員工派遣至美國矽谷、或是搜尋當地的新創企業、或者投資創投公司（venture capital，VC），讓他們介紹新創公司的明日之星等。

自二〇一七年起，數位化和數位轉型成為主要趨勢，目前也持續進展中。在金融機構則是靈活運用機器人流程自動化（robotic process automation，RPA）、AI-OCR（利用人工智慧進行光學文字辨識的技術），或機器學習等，不僅是定型化業務，就連融資審查等非定型化業務，尋求自動化、效率化的趨勢也越來越明顯。

其背景是日本銀行的負利率政策和其他因素，造成長期以來的超低利率。銀行的基本商業模式是利用放貸利率和向外調度資金的融資利率之間的差距，即「利差」來賺取利潤。但是，在長期超低利率的影響下，利差縮小導致銀行的收益惡化。因此藉由導入機器人流程自動化等方式，推動業務自動化以削減成本和人員；於此同時，脫離以存放款業務為主的收益模式，創造新的商機成為當務之急。投資金融科技公司、與其攜手合作皆顯示出既有金融機構對於創造新商機的期待。

日本政府放寬管制規定和修訂法規制度，也成為推動金融行業變革的一股力量。尤其修訂後的《銀行法》於二〇一八年六月生效，要求銀行在二〇二〇年五月之前有義務努力執行開放應用程式介面（Open API），這項規範將讓銀行和金融科技企業之間的開放式創新有所進展。

新冠肺炎疫情更加迫使變革

自二〇二〇年初開始襲擊全球的新型冠狀病毒肺炎，也造成了很大的影響。在海外，許多國家進行封城，日本則是發布緊急事態宣言，人們受到限制不得外出。就其結果而言，尤其是在海外，除了維持社會機能不可欠缺的重要業務之外，則是建議人民利用電腦和智慧型手機的應用程式使用網路銀行的功能。

近幾年，日本的巨型銀行（mega bank）等大型金融機構也推動實體銀行的重新評估，減少能在銀行窗口辦理各種手續的傳統型「全功能銀行」，增加專為個人提供資產運用等理財諮詢服務的「簡易型分行」。說起來，目前的情況是減少實體分行以降低營運成本，或是負責法人的業務人員改以拜訪顧客為主，並將人員集中在地區裡的主要分行。舉例而言，在二〇二〇年時，三井住友銀行（SMBC Group）共計擁有四百三十八家分行，其中只有二十一家是簡易型分行，而該集團宣布到了二〇二二年，也就是要在三年間增加至三百家，目標是減少二百五十億日圓的成本。

但是，新冠肺炎病毒疫情的影響若演變為長期化，或許也將迫使該集團重新審視這種次世代的分行策略。在新冠肺炎肆虐之際，銀行的業務人員無法與顧客直接面對面交談，不得已只好藉由遠端方式銷售商品。在新冠疫情之前，銀行的業務人員能夠與顧客面對面溝通，詳細掌握顧客的情況並對資產運用提出建議；如果是保險公司，業務人員會到顧客家中或公司拜訪，並對參加保險或重新檢視保單提出建議。但是，由於新冠肺炎的緣故，業務人員能與顧客見面的機會變少，又尚未熟悉遠端銷售的方式，很難從閒聊間找到提案商品的靈感。

實現融入日常生活的金融服務

今後就算疫苗的接種情況有所進展，我們的生活也無法完全恢復到以前的狀態。沒有人想要每天搭著搖搖晃晃又擠滿人的電車通勤上下班；在公司跟同事和上司面對面溝通交流，當然有其優點，但沒必要天天如此。即使增加到公司上班的頻率，假使公司完全取消遠距工作，可能會遭到員工反彈吧。遠距銷售也是一樣的道理，恐怕今後還會繼續存在。

在「前言」時也曾說明過，所謂的嵌入式金融是指「從事金融業務以外的非金融公司將金融服務嵌入現有服務中，為顧客提供金融服務」的意思。也就是說，直接向消費者提供金融商品和金融服務的不是銀行、證券、保險等金融企業，而是日常生活中經常與消費者接觸的零售業或電信業者等非金融公司。傳統的金融企業或新興的金融科技公司，則是隱身幕後協助非金融公司來提供金融商品和服務，並且扮演非金融公司和金融企業之間的橋樑。若將參與嵌入式金融的角色加以整理，主要包括這三類（圖表 1-1）。

首先是能與消費者接觸，直接向消費者提供金融商品和金融服務的非金融公司。由於非金融公司無法自行提供融資和存款等服務，而是利用「銀行即服務」（Banking as a Service，BaaS）等方式，將傳統金融機構和金融科技公司所提供的金融服務整合到自家公司的服務中，再提供給消費者。

所謂的 BaaS 是指透過應用程式介面，以功能為單位向企業提供支付、存

圖表 1-1　嵌入式金融的主要參與者和企業

	作用	主要參與者	企業
非金融公司	利用賦能者提供的 BaaS 等，最終為消費者提供金融商品 / 服務	能接觸顧客，擁有大量客群的流通、零售、通訊、旅遊、IT 等企業	日本：Mercari、雅虎、KDDI、LINE 等 美國：蘋果、谷歌、Uber、特斯拉、福特等
賦能者	透過 BaaS 等 API，向非金融公司提供存款、融資、信用卡、保險等金融商品和服務	日本：金融科技公司、銀行 美國：金融科技公司	日本：Finatext、Smartplus、Infcurion 等 美國：Marqeta、Galileo、Finix、Synapse、Stripe 等
執照持有者（金融服務相關執照的持有者）	持有金融執照，向非金融公司提供金融商品和服務	日本：金融科技公司、銀行 美國：銀行	日本：住信 SBI 網路銀行、新生銀行、GMO 青空網路銀行、大家的銀行等 美國：Green Dot Bank、BBVA、Cross River Bank、高盛等

資料出處：野村綜合研究所

圖表 1-2　BaaS 的示意圖

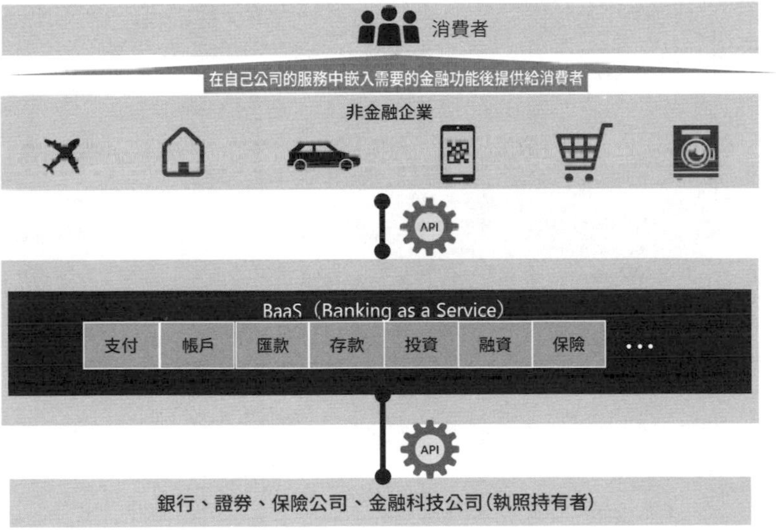

資料出處：野村綜合研究所

款、融資、保險等金融服務的機制（圖表 1-2）。

對軟體公司而言，BaaS 就類似雲端服務一樣。在雲端技術出現以前，想要成立軟體公司必須擁有高達數億元的資金。但是，如今得益於亞馬遜的雲端運算服務（Amazon Web Service，AWS）、谷歌的 Google Cloud 和微軟的 Azure，只要有筆記型電腦和信用卡，就能輕鬆成立一間軟體公司。

同樣的道理，想要提供金融服務的非金融公司，無需取得提供金融服務所需的許可執照，利用 BaaS 就能將客製化的各種功能和服務整合在自家公司的服務中。換句話說，利用 Baas 將提供金融功能的部分委由金融科技公司和傳統金融機構負責，自己的公司就能夠專注於讓前台服務和使用者體驗（User Experience，UX）更為完善。

進入嵌入式金融領域的海外非金融公司當中，具代表性的企業包括蘋果、亞馬遜和谷歌等ＩＴ巨頭，特斯拉（Tesla）和福特等汽車製造商，以及沃爾瑪（Walmart）等零售商。在日本，則是雅虎（現為 Z 控股）、LINE、Mercari，KDDI 等企業的動向引人注目。

第二類是透過 BaaS 等方式對非金融公司提供金融功能的賦能者（Enabler）。在海外，Marqeta、Galileo、Synapse、Finix、Solarisbank、Stripe 等金融科技公司就是擔任這個角色。在日本，Finatext、Smartplus、Infcurion 等金融科技公司也陸續開始提供 BaaS。

第三類是具備金融服務相關執照的銀行、證券和保險公司等執照持有者。想要取得提供金融服務所需的執照，像是金融商品交易業、匯兌業或銀行的執照，必須通過有關當局制定的嚴格審查標準（高額的資本準備金、洗錢防治對策、保密義務、存款保護等），這對非金融公司來說是一道很高的門檻。

取得執照的難易度因國家而異，一般認為美國比日本困難。就拿美國新興銀行（neobank）之一的 Varo Bank 為例，儘管二〇一五年創立不久後就申請銀行執照，但實際上卻是在五年後的二〇二〇年七月才取得執照。Varo Bank 是美國第一家取得銀行執照、以一般消費者為對象的金融科技公司。

因此，持有執照的金融機構將執照出借給非金融企業作為服務項目，如此一來，非金融公司就能在遵守法規的前提下向消費者提供金融服務。不只提供執照，很多時候也一併提供金融服務所需的功能，像是融資時的審查和授信等。在海外有綠點銀行（Green Dot Bank）、西班牙對外銀行（BBVA）、跨河銀行（Cross River Bank）和高盛等金融機構；在日本，住信SBI網路銀行、新生銀行、GMO青空網路銀行（GMO Aozora Net Bank）、大家的銀行（Minna Bank）也加入這個行列。

如果提到非金融企業提供金融服務，尤其是零售業導入金融的組合，在日本國內可能會讓人聯想到的是七銀行（Seven Bank）、永旺銀行（Aeon Bank）或羅森銀行（Lawson Bank）等。但是這些銀行都是自行取得銀行執照後進入金融領域，因此不屬於本書的討論範圍。不過，未來這些零售業出身的銀行身為執照持有者，可以為零售業以外的非金融公司提供嵌入式金融方面的協助。

對於計畫提供金融服務的公司來說，並不是所有的公司都能像這些大型零售業者一樣，取得銀行執照或其他相關執照。在嵌入式金融的領域中，非金融公司可透過與賦能者和執照持有者合作，就能快速消除繁瑣的法規和技術障礙，進而迅速地提供金融服務。

賦能者和執照持有者之間的界線模糊不清

不過，實際上第二類的賦能者和第三類的執照持有者之間的界線很模糊。因為隨著開放應用程式的普及，持有銀行執照的部分金融機構開始提供 BaaS。

在海外，高盛則因進軍零售銀行（Retail Bank）而加快對 BaaS 的布局（詳見第二章）。在日本，除了住信 SBI 網銀和 GMO 青空網銀等網路銀行之外，福岡金融集團旗下的子公司、也是日本首家標榜數位銀行的「大家的銀行」等金融機構，也積極地致力於 BaaS（詳見第四章）。

與美國相比，日本取得金融相關執照相對容易，因此也出現金融科技公司取得執照後兼任賦能者的情況。因此，日本的現況是執照持有者、或是金融科技公司幾乎都成為賦能者。就這一點來說，儘管有高盛這樣的例子，但在美國，賦能者和執照持有者的分工更為明確。

此外，賦能者不一定是由一家企業同時承擔 API 建構和提供金融功能，市場已有更加詳細的區分（圖表 1-3）。舉例來說，國際信用卡組織 Visa 於二〇二〇年一月宣布收購[1]的 Plaid，就是專注於提供金融科技公司與銀行間串接的 API，像是 Coinbase、Robinhood、Wise（前身為 TransferWise）等金融科技公司都是 Plaid 的客戶。

在過去，負責建構 API 的賦能者大多是規模較小的金融科技公司，但隨著金融市場的擴大，最近一些知名的金融科技公司也開始參與其中。其中具代表性的就是 Stripe 了。該公司為電子商務網站和行動應用程式（Mobile Application）提供可輕鬆嵌入支付處理功能的 API，並在該領域擁有極高的市場占有率。Stripe 所提供的 BaaS 是能提供銀行功能的 API「Stripe Treasury」（圖表 1-4）。

雖說是提供銀行的功能，但 Stripe 並非負責銀行業務，只是提供能使用銀

1 後來因違反《反壟斷法》，該收購案正式告吹。

圖表 1-3 嵌入式金融中主要參與者之間的角色分工示例

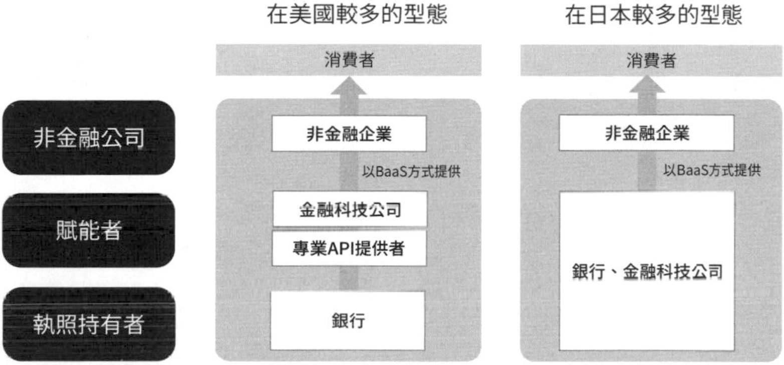

資料出處：野村綜合研究所

圖表 1-4 Stripe 提供的 BaaS「Stripe Treasury」示意圖

與高盛、花旗等銀行攜手合作，提供具備銀行機能的API

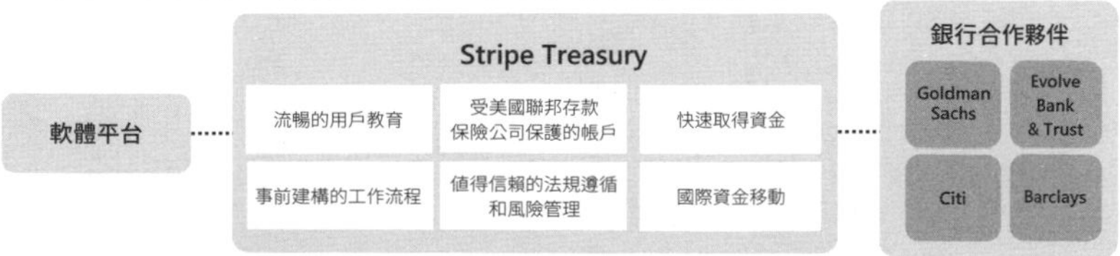

資料出處：野村綜合研究所根據 https://stripe.com/treasury 製成的圖表

行業務的API。因此Stripe在美國與高盛和Evolve Bank & Trust合作，在海外則與花旗銀行（citi Bank）、巴克萊（Barclays）等銀行合作推出這項服務。

只要使用Stripe Treasury，當零售業者開設網路商店時，不用特別跑去銀行開立新帳戶，只需幾分鐘即可透過合作銀行開立有效帳戶。另外還可使用美國的轉帳網絡之一的ACH（Automated Clearing House，台灣稱為代收代付業務或稱媒體交換自動轉帳服務）進行轉帳和電匯。

為了建立、分配和管理實體卡和虛擬卡，Stripe從二〇一八年起也提供端對端的平台「Stripe Issuing」。只要搭配「Stripe Issuing」，就能發行信用卡並連結銀行帳戶。

跟公司內擁有眾多工程師、以內部製造為主的美國企業相比，日本非金融公司的技術程度並不高。因此，日本的賦能者除了要將金融功能整合到非金融企業的服務中之外，很多時候還必須提供支援，包括前台的使用者介面（User Interface，UI）和使用者體驗的開發等。此外，就連無暇顧及BaaS基礎建構的地方銀行等金融機構，預計將借助金融科技公司或系統整合商（Systems

Integrator，SIer）的力量進軍嵌入式金融領域。

新設「金融服務仲介業」成爲後盾

日本在二〇二〇年六月五日通過《金融商品販售法修正案》，修訂部分金融商品銷售等相關法律，以保護金融服務使用者和提高便利性，並於同月十二日頒布。施行日為「自頒布之日起計算，在不超過一年六個月的範圍內，依政令所規定之日期」，自二〇二一年十一月一日起施行。

其中與嵌入式金融有關的內容是，將「金融商品銷售等相關法律」的名稱更改為「金融服務提供之相關法律」，並新設「金融服務仲介業」。金融服務仲介業者能夠一站式提供不同行業和多家金融機構的各種商品和服務。

以往的制度內容如下所示。

1. 如《銀行法》規範下的銀行代理業者、《金融商品交易法》規範下的金融商品仲介業者、《保險業法》規範下的保險業務員和保險經紀人等，每個行業皆有其法規限制，業者需依據想要仲介的領域進行多項登記。

2. 規定業者隸屬於特定的金融機構，如想要仲介數個金融機構提供之商品和服務時，則需接受來自各隸屬金融機構的指導。

對此有人指出像這種橫跨多業種的仲介，或是以多家金融機構為往來對象的仲介並未被考量在內，對企業來說也是沉重的負擔。政府在接受上述建言後，對於新設的金融服務仲介業所制定的規範如下。

1. 有別於以往按業務型態垂直劃分的仲介業，新設的金融服務仲介業只需單一註冊，就能仲介銀行、證券、保險等所有領域的服務，以提供最佳的一站式服務。
2. 為了能經手各種服務，不要求金融服務仲介業需隸屬於特定的金融機構，取而代之的是，限制其可辦理的服務、禁止接受使用者的財產（購買服務的費用等），並透過保證金的提存義務以期保護使用者。

在前述規定下，只需註冊為金融服務仲介業，企業就能同時仲介銀行、證券和保險業務，運用智慧型手機的應用程式等，就能橫向仲介這些服務，為顧

圖表 1-5 金融服務仲介業的示意圖

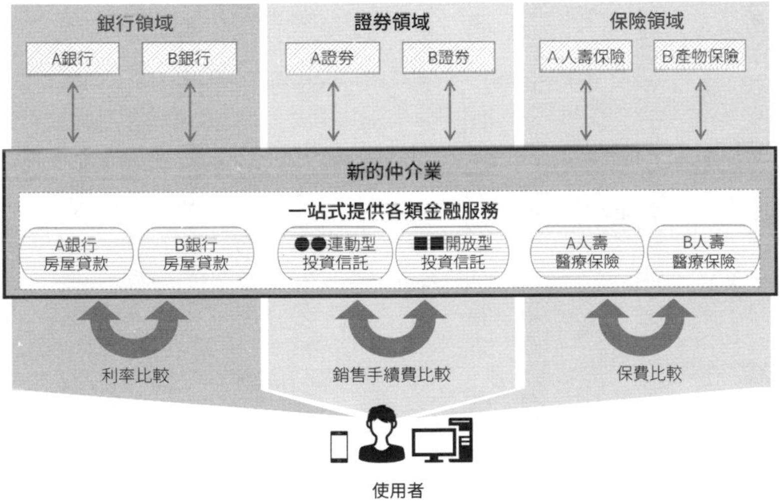

資料出處：野村綜合研究所依據「第八屆政府與民間推動提升支付業務會議」事務局的說明資料製作

客提供一站式金融服務（圖表1-5）。

具體而言，目前所設想的服務內容就是，透過家庭記帳應用程式掌握消費者的資金需求和資產狀況，並以此為依據介紹可使用的貸款，或是根據個人的生涯規劃，比較和建議最適合的金融產品和服務。

此外，不是金融科技公司的非金融公司，例如，不動產公司除了不動產物件，也可一併提供房屋貸款、地震險和火災險。以往的流程是當消費者決定好要購買的不動產物件後，除了告知不動產公司外，還要接受金融機構的房貸事前審查。如果通過事前審查，接下來要簽訂不動產買賣合約、支付訂金，然後進入房貸申請的正式審查。如果通過正式審查，就能簽訂房屋貸款契約（金錢消費借貸契約）、撥發款項、結算餘款（從購買價格中扣除訂金，支付剩餘款項），為此購屋者必須在不動產公司和金融機構間來回奔波。

但是，如果不動產公司註冊為金融服務仲介業，就能配合物件的簽約時機和步調提供房屋貸款，因此消費者省下跑銀行的麻煩，也能節省時間。對不動產公司來說，當消費者在猶豫是否購買之際，若能適時地提出最合適的房貸方案，就能提高簽約的可能性，地震險和火災險也是同樣的道理。

綜上所述，若能透過金融服務仲介業實現嵌入式金融，對於消費者和不動產公司都有莫大的好處。金融服務仲介業的設立，將成為推動嵌入式金融的強大驅動力。

嵌入式金融是金融科技的第三波浪潮

嵌入式金融就是非金融企業將金融服務整合到現有服務中，為顧客提供金融服務，自二〇一五年左右開始興起的金融科技潮流中，嵌入式金融被定位為第三波浪潮。

第一波浪潮正如其名，就是金融科技公司的登場，以及由此帶來的金融功能之拆分（unbundle）。市場平台借貸（Marketplace Lending）又稱 P2P 借貸、機器人理財、支付、匯款轉帳和新興銀行等，專注於特定領域的金融科技新創公司應運而生，藉由在各自領域發揮自己的優勢，帶動金融科技市場的成

圖表 1-6　開放應用程式介面的服務案例

服務分類	概要
個人財務管理	將消費者所使用的銀行、信用卡、證券公司等金融資產自動整合的個人資產管理服務
雲端會計	以個人經營者和中小企業爲對象，自動匯入戶頭餘額和存取款明細等網路銀行資訊的雲端型會計服務
演算法儲蓄	根據一天走路的步數、購物找零等事先設定的演算法決定存款金額，自動存進消費者的帳戶
QR code 支付	讀取智慧型手機應用程式所顯示的 QR code 進行支付，可從銀行直接扣除支付金額

資料出處：野村綜合研究所

長。因此，傳統金融機構長期以來所提供的綜合金融服務，有一部分被金融科技公司侵蝕，按功能劃分並以模組形式提供服務，使金融服務的「拆分」化有所進展。

第二波浪潮是以先前所說明的《銀行法》修正為契機，透過開放應用程式介面，實現銀行與金融科技公司的合作。因此，金融科技公司可以實現帳戶管理和電子轉帳服務的安全性，不斷推出新的服務（圖表1-6）。舉例來說，自動整合顧客所使用的銀行、信用卡、證券公司等金融資產的「個人財務管理」（Personal Financial Management）；以個人企業主和中小企業為對象，自動匯入帳戶餘額和存取款明細等網路銀行資訊的「雲端會計」；根據事先設定的固定演算法決定存款金額，例如購物時的找零或一天的行走步數等，並自動將錢存到使用者帳戶的「演算法儲蓄」；可從銀行帳戶直接扣除支付金額的「QR code 支付」等。

另外，有鑑於《銀行法》的修訂，信用卡行業並不屬於金融廳管轄，針對信用卡公司和金融科技公司的 API 合作，擁有管轄權的經濟產業省（相當於經濟部）表示「希望制定指南以便能迅速因應新技術和服務」，並於二〇一八年四月公布「有關使用信用卡數據的 API 指南」。這樣一來，不只是銀行 API，在與金融相關的 API 開放之下，也為實現嵌入式金融奠定良好的基礎。

然後，第三波浪潮來臨，也就是這次的嵌入式金融。隨著新冠肺炎疫情擴大，失去與顧客直接接觸的金融機構和尋求新的收益來源的非金融企業，兩者擁有同樣的想法。比方說，因宅在家的需求，使得電子商務的業績亮眼，經營網站的企業在累積顧客的購買紀錄數據後，就能準確評估顧客的支付能力，延後付款的支付服務也就在此時登場。

不過，新冠肺炎疫情只是推動嵌入式金融發展的因素之一。透過開放應用程式介面實現銀行與金融科技公司的合作，雖然催生出個人財務管理、演算法儲蓄或自動化投資顧問等新的金融服務，但仍未達到創造客戶需求的程度。

在美國和日本，雖然形成第三波浪潮的背景有些不同，但在無法創造出顧客需求這一點卻是一樣的。就算是美國，金融科技公司的崛起，以及谷歌、亞馬遜等ＩＴ巨頭涉足金融服務領域，導致傳統金融機構產生危機感，於是自二〇一七年以來動作頻頻，像是提供適合年輕人使用的智慧型手機應用程式等。

但是，若要說這些努力是否奏效，事實上也未必如此。也是有金融機構早早就放手，停止提供服務。舉例來說，摩根大通在二〇一八年六月所推出專業的移動銀行「Finn」，就是以千禧世代為主要客群，卻在推出僅一年後就宣布終止服務。此外，富國銀行也在二〇二〇年七月宣布停止智慧型手機應用程式「Greenhouse」的新用戶申請，二〇一七年十一月推出的 Greenhouse 同樣是以千禧世代為主要客層，但還不滿三年就結束了。

兩家公司都是以千禧世代為主要客群，主要目的是透過提供應用程式來瞭解年輕人的財務金融行為，但是應用程式的使用情況並不如當時所設想的那樣普及，最終被迫終止服務。或許也可說這顯示出金融機構單憑一己之力很難掌握年輕世代的需求。

身為金融機構，既要把握住消費者產生需求的瞬間、適時地提供金融服務，又要為難以差異化的金融服務增加特色，提高消費者願意選擇的可能性。為此，與貼近消費者的行為以及日常生活中頻繁接觸的企業攜手合作就是一條捷徑。身為非金融公司，當顧客在使用自家公司服務的過程中，需要支付或融資這類金融服務時，只要能夠無縫接軌地提供顧客所需的金融服務，即可防止顧客流失，並有望提高轉換率（成交比例）。

至此，我們可以說嵌入式金融的興起絕非偶然，而是必然的結果吧。

第二章

歐美的嵌入式金融

嵌入式金融的五個領域

與金融科技興起時的情況相同，嵌入式金融也是以歐美等海外國家為中心。在本章當中，將結合典型案例解說嵌入式金融的五個主要領域，同時也介紹在各個領域中饒富趣味的服務。

嵌入式金融大致可分為五個領域：支付、借貸、保險、投資、銀行（圖表2-1）。

就現狀來說，最先發展的是支付，投資反而落在後面。接下來將介紹在各個領域中，具體的服務概念和先行企業所實施的服務案例。

嵌入式支付

目前市場規模最大，而且預計今後也會持續擴大的就是嵌入式支付。嵌入式支付並不是用現金或信用卡支付，而是指在網站或智慧型手機的應用程式

圖表 2-1　嵌入式金融主要的五個領域

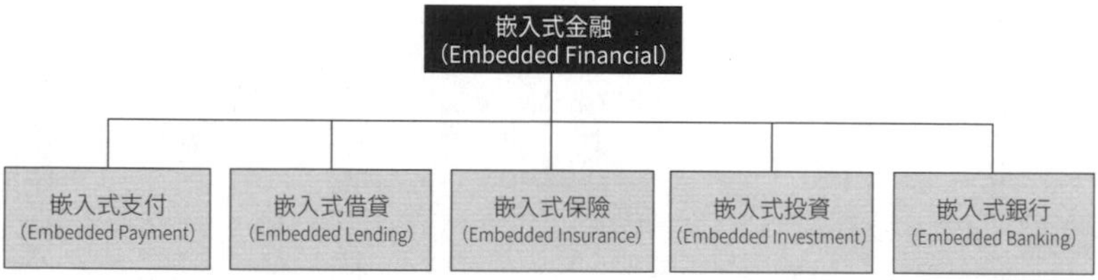

資料出處：野村綜合研究所

（APP）嵌入支付程式，消費者就能輕鬆處理付款。

嵌入式支付之所以很重要，是因為它會對顧客體驗產生很大的影響。最明顯的例子就是電子商務網站，當顧客在網路商店購買時，如果每次都必須輸入姓名、住址和信用卡號等個人資訊，或是要多次切換畫面、遲遲無法進入完成結帳的畫面，就會增加「購物車遺棄」率。所謂的遺棄購物車，是指儘管消費者在電子商務網站將商品放入購物車內，卻在完成付款前離開的情況。在這種情況下，減少支付過程所耗費的時間和精力，有助於防止消費者遺棄購物車，進而提升顧客體驗。

亞馬遜最先意識到這件事，於是不斷推陳出新，開發出創新的支付方法，像是用戶事先輸入自己的支付資訊，一次點擊就能在線上購買商品的「一鍵購買」等。據說在一九九七年申請專利的一鍵購買，讓亞馬遜網站的營業額提升五%。

不僅限於電子商務網站，只要會發生支付費用的各種場景，要提升顧客體驗不可欠缺的，就是減少伴隨著結帳而來的阻礙。例如，大型連鎖咖啡店的星巴克，因為新冠肺炎疫情肆虐而積極推動的「手機下單＆支付」服務，顧名思義就是用智慧型手機就能完成點餐和付款，不用在收銀機前排隊。從應用程式中選擇「取貨店鋪」、「利用方法（外帶或內用）」和「商品」，只要在應用程式內完成付款，後續就是前往下單時所選擇的店鋪，在手機下單專用的取貨櫃台領取商品而已，至於付款則是使用事先在應用程式註冊的「星巴克隨行卡」支付款項。

就如同這個例子，採用嵌入式支付時，多半只需打開應用程式按幾次按鍵就能輕鬆支付，其中也有消費者幾乎不會意識到支付行為的類型。Uber 或 Lyft 等共乘類應用程式就是很好的例子，利用這些應用程式，消費者在搭乘後不需要從錢包中取出現金或信用卡支付車費。使用事先在智慧型手機內註冊的信用卡自動扣款，所以到達目的地後直接下車即可，收據會在乘客下車後立即傳送到乘客事先註冊的電子郵件信箱。

亞馬遜推出的無人商店「Amazon Go」也同樣不會讓顧客意識到支付這件事。自二〇一八年一月位在西雅圖市內的一號店開業以來，直到撰寫本書的時候，除了西雅圖以外，已分別在舊金山、紐約、芝加哥等地共計開設二十六家店。結帳時使用 Amazon Go 專用的智慧型手機應用程式，以事前註冊的信用卡進行支付，所以完成購物後，不需要到收銀機付款，直接離開商店即可（話說回來，因為是無人商店，本來就沒有收銀機）。完成購物後，收據會傳送至消費者註冊的電子郵件信箱，這一點則與 Uber 相同。

消費者沒有意識到支付行為的「無感支付」，也擴大到其他行業。舉例來說，英國大型金融機構巴克萊銀行的信用卡部門「巴克萊卡」（Barclaycard）也將相同的概念應用於餐廳，使用名為「Dine & Dash」的機制，顧客用餐完畢後就能直接離開餐廳。就跟 Uber 和 Amazon Go 一樣，以事前在應用程式註冊的信用卡自動支付餐費，也能追加小費或使用折扣代碼。

此處的重點是，自然地將支付過程整合至消費者購買行為的過程中，消費者就無需意識到支付行為，大幅提升便利性。無論是在咖啡廳、超市還是餐廳，主要目的是飲食或購物，而不是支付。但是，任何購買行為必然伴隨著支付費用，對許多消費者來說，無不希望自己無需在收銀機前排隊等待付款。Uber 或亞馬遜等企業，消除過去在收銀機前排隊支付的瓶頸，提供顧客嶄新的購買體驗，並成功提高顧客的忠誠度。

與此同時，在自家公司的應用程式內完成支付，還能夠收集消費者的數據，這一點也不容忽視。透過收集和分析顧客使用服務的時間，或是購買商品的名稱等資料，就能推動顧客忠誠計畫或提供個人化服務。

在 Instagram 內完成購買的「結帳功能」

不錯過消費者「想買」的心情，讓消費者順利完成支付，就這一點來說，在應用程式內嵌入支付的形式也是成效很好的嵌入式支付。

舉例來說，專門用來發佈照片和影片的社群網路服務（Social Network

Service、SNS）Instagram（簡稱IG），近年來致力於強化電子商務功能，二〇一七年推出可在貼文的照片上直接附上電子商務網站連結的購物功能「Shop Now」。日本是在二〇一八年六月公布「購物功能」，只要在依時間軸排列的頁面所發布的照片上有「購物車」的圖示，那就是該物品可以購買的標記。用戶點擊附有該圖示的圖片後，確認畫面顯示的商品名稱和價格等，點擊「購買」鍵就能切換到外部的電子商務網站（發布照片的商家網站）購買商品。

在安裝購物功能之前，當使用者在IG內發現想要的商品時，必須先暫時離開IG頁面，然後在網路上重新搜尋這項商品，或到實體店鋪才能購買到商品。換句話說，IG充其量只是用來「認識」商品的工具，而從認識到實際「購買」之間，還必須存在「搜尋」和「前往店鋪」等行為，而這對使用者來說是一種阻力，推測有時也會出現遺棄購物車的情況。因此，雖說還是需要連結外部的電子商務網站，但是跟以前比起來已有長足的進步。

在二〇一九年三月時，IG更進一步改善這項購物功能，推出可在IG的應用程式內完成付款的「結帳功能」（在撰寫本書時，該功能尚未在日本實施）。

就像購物功能一樣，畫面上會顯示出商品的詳細資訊，使用者在選擇尺寸、顏色等選項後，再點擊頁面下方的「Checkout on Instagram」按鈕。接著在 IG 所顯示的結帳頁面中輸入姓名和住址等資訊，點擊「下單」（Place Order）即可完成購買（圖表 2-2）。

以往的購物功能需要先切換到各品牌的網站才能購買和支付，但是有了結帳功能後，就能在 IG 內完成購買和支付。對於使用者來說，從「認識」商品到「購買」商品將比以往更加順暢；對品牌來說，則可望提升轉換率。

IG 這個 SNS 原本就聚集了一群對購物感興趣的人。實際上，根據日本 Allied Architects 公司在二〇二〇年八月到九月所進行的一項調查結果顯示，針對「對於看到 SNS 的廣告或貼文後才知道的商品，是否曾有過當場從 SNS 連結電子商務網站，打開購買頁面購買商品的經驗？」這項問題，在受訪者回答「有」的比例當中，以 IG 為最多，超過推特（Twitter）和 LINE（圖表 2-3）。隨著嵌入式支付的實現，用戶能在 IG 的應用程式內完成結帳，將更進一步加速這個趨勢吧。

圖表 2-2　Instagram 的「結帳功能」

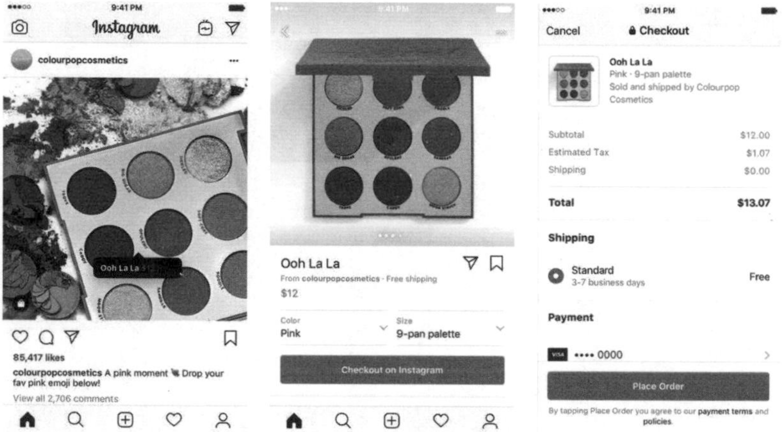

資料出處：https://business.instagram.com/blog/new-to-instagram-shopping-checkout?locale

圖表 2-3　主要 SNS 對商品購買的影響

「對於看到SNS的廣告或貼文後才知道的商品，是否曾有過當場從SNS連結電子商務網站，打開購買頁面購買商品的經驗？」

資料出處：日本Allied Architects公司「關於SNS使用的調查」(2020年8月26日～9月2日)

可從 Google 地圖支付停車費

二〇二一年二月十七日，谷歌宣布為該公司的地圖應用程式「Google 地圖」增加路邊停車費支付功能[2]，目前已在美國部分城市上線。谷歌是與提供找尋停車位和繳交停車費應用程式的新創公司 Passport 和 ParkMobile 攜手合作推出這項服務。

想要使用這項服務，必須事先設定好行動支付應用程式「谷歌支付」（Google Pay）的帳戶，並綁定信用卡或簽帳金融卡（debit card）。這樣一來，當你使用 Google 地圖作為路線導航系統，只要來到目的地附近的路邊停車位時，地圖上就會顯示出支付停車費的按鍵「Pay for Parking」。駕駛只要輸入路邊停車計費柱的區域編號、車牌號碼和預估停放時間等資訊，就能用 Google

2 這裡所說的停車位不是指日本常見的停車場，而是在道路兩旁，有安裝停車計費器的計時停車位。

Pay 完成支付。若要延長停車時間，也能從應用程式直接操作，無需再回到停車場。

根據谷歌表示，其目的是「在新冠肺炎病毒肆虐的情況下，無需操作許多人碰觸的停車計費器就能支付停車費」，因為在 Google 地圖內就能完成導航和支付停車費，不需要特意打開其他支付應用程式，也有助於提升消費者的使用便利性。

可以透過 Google 地圖支付的費用不只是停車費，從路線規劃中也能支付公共交通工具的運輸費用，用戶無需切換成其他交通工具的應用程式就能支付乘車費。此外，Google 地圖也能購買「Clipper」票卡，這是跟日本的西瓜卡（Suica）和 PASMO 相同的交通型 IC 卡。購買卡片的用戶只要將智慧型手機放在感應讀取器上，或是出示電子車票就能通過檢票口。

這項功能不只支援安卓版的 Google 地圖，也提供給 iOS 版的 Google 地圖使用。因此，谷歌在擁有眾多用戶的 Google 地圖嵌入支付功能，目標是提高 Google 地圖應用程式的市占率以及 Google Pay 的普及，可說是一舉兩得。

嵌入式借貸

因為嵌入式借貸和支付機能可說是兩相好，所以經常一併提供給用戶。具有代表性的服務就是在「前言」中所介紹的「延後付款（支付）」，在海外被稱為「先買後付」（Buy Now, Pay Later，BNPL），主要應用在電子商務網站，目前正迅速擴大中。提供先買後付服務的供應商中，具代表性的除了瑞典的Klarna、美國的Affirm、澳洲的Afterpay之外，還有日本的恩沛（Net Protections）以及PayPal宣布收購的Paidy等公司。

先買後付指的是由這些供應商或合作銀行向電商網站內的商家（加盟店家）提供代墊支付服務，而消費者在一個月內全額付款，或者分期付款，例如分成三期、四期還款，甚至是以三到十二個月內的長期分期付款等方式支付的機制。使用先買後付的支付模式，消費者不必立即付款。也不用在支付業者的公司網站上輸入信用卡號碼或其他資料，就能立即獲得想要的商品。

如果電子商務網站無法提供符合消費者喜好的支付方式，消費者會毫不猶豫地離開網站。電商網站經營者和電商網站內的商家提供「延後付款」的支付選項，不僅能防止消費者離開、促使仍在猶豫是否購買的消費者做出決定，還可期待擴大購物車的規模（提高購物金額）。

美國 Affirm 的商業模式如圖表 2-4 所示。舉例來說，假設消費者決定在導入 Affirm 先買後付解決方案的加盟商店中購買一千美元的商品，選擇的支付方式是分成三期的延後付款，Affirm 會採用自己的風險模型進行即時審查，並當場決定是否接受消費者的申請與利息金額。如果通過審查後，消費者也願意接受 Affirm 提出的利息，將分三次支付商品的購買金額（一千美元）和申請時約定的利息。

此時，實際上提供貸款和資金的是持有執照的銀行，例如與 Affirm 公司合作的跨河銀行等，再由 Affirm 公司向銀行買進貸款。買入時的購買價格是貸款的本金餘額加上手續費和尚未支付的利息，銀行會從商品售價一千美元中扣除先買後付的手續費五十美元後，再支付給加盟商店九百五十美元，而 Affirm 公司則經由銀行收取這筆手續費。

圖表 2-4　Affirm 的商業模式

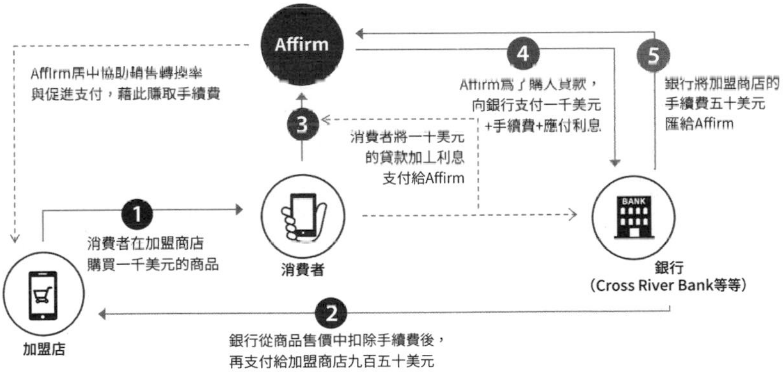

資料出處：野村綜合研究所根據 Affirm 的表格 S-1 製作

推出先買後付服務，無論是金融科技公司還是銀行，交易量增加越多，獲利也會越高。加盟商店雖然需要支付使用服務的手續費，但只要透過延後付款這個支付選項，能吸引更多的顧客，購買金額也隨之增加，完全足以回收成本。此外，與其用很低的折扣出售存貨，還不如支付手續費，讓消費者以原價購買商品，這樣就不會傷及品牌形象。

不斷開疆闢土的先買後付

先買後付在沒有信用卡或猶豫是否使用信用卡的消費者族群中大受歡迎。導入先買後付服務的企業除了零售業之外，目前已擴展到航空公司等行業。

舉例來說，總部設在美國加州桑尼維爾（Sunnyvale）的新創公司 Uplift，這間公司就專注於提供旅遊資金的先買後付方案。消費者在採用 Uplift 先買後付服務的航空公司網站（圖表 2-5）選擇預訂的旅行方案，支付旅費時選擇「Uplift」，再輸入手機號碼等個人資訊，然後進行審查。Uplift 會根據個人

圖表 2-5 聯合航空官網介紹 Uplift 的網頁

資料出處：https://www.united.com/ual/ja/jp/fly/booking/flight/uplift.html

信用等資訊審查，如無問題，在幾秒鐘內即可以完成。支付則適用免息或按固定月利率分期付款等方式。此外，貸款是由受美國聯邦存款保險公司（FDIC）保障的銀行，也是銀行執照持有者的 CBW 銀行提供。

Uplift 已經和聯合航空、西南航空、德國漢莎航空、阿拉斯加航空等航空公司，地中海郵輪（MSC Cruise）、維珍郵輪等郵輪公司以及加拿大航空假期等旅行社合作，並透過各公司的網站提供服務。若要一次付清高額的旅遊費用，往往會使人打退堂鼓，藉由提供「可分期和延後付款」的選項，就能降低消費者的心理障礙。特別是當消費者在瀏覽最能刺激旅遊慾望的網站之際，若能適時地提供這個選項，應該會發揮出絕佳的效果吧。

學費也可先買後付

先買後付的浪潮不僅能及於購買商品，也涵蓋各種高額費用的支付。比方說美國有一間專門培養數據科學家和軟體工程師的線上教學機構 Lambda 學校，關於學費的支付方面，除了預付學費外，還提供「收入分潤協議」（Income Share Agreement，ISA）這項延後付款的選項。

Lambda 提供為期六個月的資料科學和網路開發課程，費用為三萬美元，學生在註冊時可以選擇先支付學費，或簽訂收入分潤協議延後付款。選擇延後付款的學生等找到年薪五萬美元（月薪四千一百六十六美元）以上的工作後，只要依收入比例支付學費即可。反過來說，如果學生賺不到年薪五萬美元，就一毛錢都不用付給 Lambda。這就是所謂的「暫時先欠著，等飛黃騰達再付錢」。

如果就業後找到年薪超過五萬美元的工作，需支付月薪的十七％，為期二十四個月，但無論年薪有多高，支付總額以三萬美元為上限。另外，如果支付二十四個月後，支付總額未達三萬美元也無妨。例如，年收入為六萬美元時，則月薪為五千美元，每月需支付月薪的十七％，也就是八百五十美元給 Lambda，若連續支付二十四個月，支付總額為兩萬零四百美元，雖然未達三萬美元，但這樣也算繳清學費（圖表 2-6）。

圖表 2-6　在 Lambda 學校選擇收入分潤協議時，支付學費的例子

單位：美元

年收入	換算月薪	每月支付額	支付總額
低於 50,000	無	0	0
50,000	4,166.67	708.33	17,000
60,000	5,000.00	850.00	20,400
70,000	5,833.33	991.67	23,800
80,000	6,666.67	1,133.33	27,200
90,000	7,500.00	1,275.00	30,000
100,000	8,333.33	1,416.67	30,000

資料出處：野村綜合研究所根據 http://lambdaschool.com/faq 製作

我認為這個機制與日本的獎學金制度相似，不需要向第三方提出申請，可以直接在該校的網站上申請，這一點是嵌入式借貸獨有的特點。其獨特之處在於即使選擇延後付款也不會產生利息，而且學費不一定要全額償還。

Lambda 為了實現這種商業模式，遂與向投資人出售收入分潤協議的網路市集「Edly」合作。

此外，日本的法律將延後付款服務歸類在「分期付款斡旋業」，並受《分期付款買賣法》的規範。雖然經營分期付款斡旋業不需要執照，但是因為採註冊制，所以必須是在經濟產業省（相當於台灣的經濟部）的個別信用購入斡旋業登記有案的業者。因此，儘管以 BaaS 模式提

供延後付款服務的金融科技公司並未持有銀行執照，卻兼具類似執照持有者的角色。如果零售業和這類金融科技公司合作，無需登記為分期付款斡旋業者，也能為消費者提供延後付款服務。

以中小企業爲對象的融資

嵌入式借貸的對象並不僅是一般消費者，以企業為對象，特別是對於經常被銀行拒絕貸款的中小企業的融資業務更是方興未艾。例如，全球線上市集的龍頭 eBay 從二〇二一年五月起，在英國推出「Capital for eBay Business Sellers」（CEBS）計畫，為在 eBay 平台開店的中小企業提供融資服務。

eBay 是與提供嵌入式金融平台的金融科技公司 YouLend 合作推出這項服務，只要在 eBay 開店三個月以上，每個月的銷售額超過五百英鎊，就有資格申請從五百英鎊到最高一百萬英鎊不等的貸款金額。貸款額度則依商家與 eBay 交易期間的長短，以及每個月的銷售額決定，交易期間越長、每個月的銷售額越高，能夠獲得融資的金額也就越高。

還款則按每天銷售額的固定比例（五%至二十%）自動分配用於還款。舉例來說，若約定的還款金額為單日銷售額的二十%，而某日的銷售額為一千英鎊時，eBay會將兩百英鎊用來償還貸款，剩餘的八百英鎊則支付給借款人，也就是在eBay開店的商家。若當日沒有銷售額，則還款金額為零。也就是說，與利率經常變動的傳統商業貸款不同，借款人不需要支付額外的手續費，還款金額則根據現金流量調整。

英國也和日本一樣，由於新冠肺炎疫情的擴散，使得中小企業難以籌措資金。根據該公司的調查顯示，有五分之二的中小企業被銀行拒絕貸款、有三分之一被政府拒絕貸款。這項服務向這些中小企業伸出援手，據說融資申請過程通常只需五至十分鐘，並於幾天內就能拿到資金。

若是向傳統銀行貸款，很難以這種速度申請貸款、審查和取得資金。eBay之所以能實現這樣的速度，是因為掌握商家的銷售業績、庫存狀況、使用者評價等資訊，並直接提供融資服務的緣故。這就是企業對企業（B2B）嵌入式借貸的典型例子。

嵌入式保險

嵌入式保險是指在提供保險時，將購買保險的過程嵌入消費者的行為路徑中。與傳統保險的不同之處在於，消費者不像以往那樣透過保險公司或保險經紀人購買保險，而是直接向銷售機票、電子設備的網站或汽車製造商簽訂契約。

例如，成立於二〇一二年的德國保險科技公司Simplesurance，就以電子商務網站為對象，推出以行動裝置的賠償保險為主的嵌入式保險平台。對於打算購買智慧型手機或平板電腦的消費者，當發生行動裝置掉落造成螢幕損傷，或因飲料灑出造成故障時的賠償保險，也會一併出現在商品的結帳畫面中。該公司也積極拓展海外市場，目前與東京海上控股公司展開業務合作，已經成功進軍日本市場。

自二〇一九年十月起，全日空航空（ANA）開始在網站上銷售航班取消保險「Soramoyou」，這是以 simplesurance 的技術為基礎，由全日空與東京海上日動火災保險公司共同開發的保險商品。這項保險的理賠內容涵蓋因「擔心惡劣天候導致停飛」等理由而取消預約、退款時的取消手續費或退款手續費，以及在「因天候惡劣等原因導致預定航班停飛或嚴重延誤」的情況下所出現的額外費用。

如果提前規劃旅遊行程，通常能以比平時便宜很多的價格預訂機票。但是，在接近搭乘日期才取消預約時，就會產生取消手續費，因此有不少消費者會猶豫是否要預訂機票。只要購買這項保險，若出現因颱風或暴雪等惡劣天候而停飛的情況，即使取消預約也能獲得手續費的理賠（因個人因素取消則不在保險範圍內）。雖然保險費會根據票價種類、票價金額、航班類別而有所變動，如果是票價低於一萬五千日圓的「ANA VALUE」定期航班，只需三百日圓就能加入保險。

由於可以從購票完成畫面、或機票預約確認畫面申請保險，所以可在機票

圖表 2-7 在汽車銷售網站「Clicklane」中嵌入的汽車保險申請流程

搜尋想購買的車款並決定要購買的車輛之後，即可無縫接軌購買汽車保險（右上角的「Insurance」部分）

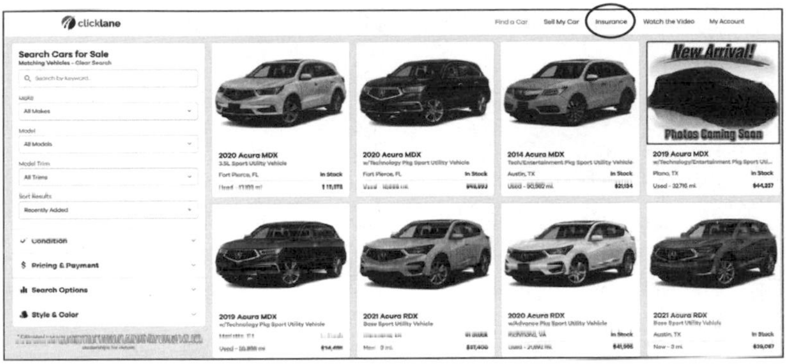

資料出處：https://clicklane.com/cars/

購買流程中無縫銜接到購買保險。這對於打算在颱風季節或降雪時期搭乘飛機的消費者來說，發揮了非常好的效果。

由於嵌入式保險與電子商務網站能相輔相成，在美國，汽車的銷售網站也開始導入嵌入式保險。以美國喬治亞州杜魯斯為據點的大型汽車經銷商Asbury汽車集團（Asbury Automotive Group）與嵌入式保險平台開發商的Salty合作，在Asbury的銷售網站「Clicklane」上就能完成從購買汽車到購買保險的流程（圖表2-7）。

決定要購買的汽車之後，消費者在網站上輸入姓名、電話號碼、郵遞區號、車輛識別碼（VIN）等資訊。然後，AI（人工智慧）會從Nationwide、Progressive等與Salty合作的幾家保險公司中決定最適合的保險公司和承保範圍，並立即將報價單一併提供給消費者。如果消費者同意保險公司所提供的內容，可直接在網路上完成簽約手續。決定購車的消費者不必另外再到保險公司的網站，為了理賠內容而傷腦筋，實現從購買到加入保險的無縫接軌。

特斯拉提供自家的汽車保險

談到美國的嵌入式保險，汽車製造商特斯拉常被用來當成良好參考範例。特斯拉從二〇一九年八月開始為加州的特斯拉車主提供自家的汽車保險，承保機構為美國國家保險公司（State National Insurance）。消費者不僅在一分鐘內就能從特斯拉官網輕鬆取得報價單，加上特斯拉的標準配備「主動式安全防護」（減少碰撞傷害的煞車系統和防止車道偏離等）功能，以及先進的行車輔助功能（不易發生事故），在這些安全因素的背景之下，跟傳統保險公司比起來，保費最多可節省二十%到三十%。

特斯拉保險的特點是充分發揮製造商的優勢，無需另外在車輛上安裝其他裝置，直接從車輛收集和分析與駕駛行為有關的數據，並依此決定保費。已經有很多汽車保險公司運用車載資通訊系統（Telematics），推出根據駕駛行為調整保費的「駕駛行為連動型」保險，但是為了收集數據必須另外安裝第三方製造的裝置。雖然目前還不清楚兩者的準確度有著多大的差距，但是特斯拉強調「可準確掌握駕駛相關數據」。只不過，特斯拉在加州推出的汽車保險並不是根據個人資料，而是從所有的特斯拉車輛收集匿名數據，再根據統計結果設定保費。

但是，從二〇二一年十月起，特斯拉在德州推出的汽車保險是大幅升級的版本，除了投保人的住址、車款、行駛距離、理賠內容等資料之外，還會即時評估駕駛行為，根據「安全評分」，調整每個月的保費。安全評分取決於前方碰撞警示次數、緊急煞車、急轉彎、與前車的車距，以及使用自動駕駛時，手是否離開方向盤等五項要素，至於行駛距離和行駛時間則不影響評分。

最具劃時代意義的創舉是有別於以往的汽車保險商品，將年齡、性別、婚姻狀況、事故和違規紀錄等因素全都排除在外。特斯拉表示：「我們認為保險費不是根據你是誰，而是取決於你如何駕駛，以及你現在（而不是過去）的駕駛方式，無論交通事故是發生在購買特斯拉之前還是之後，都不會增加保費。」而且保險費比競爭對手便宜二十％至六十％。

一般來說，消費者在購買車險時，不僅重視理賠內容，也很重視投保時的便利性和便宜的保險費。雖然可從網路輕鬆申請的保險越來越多，但通常無法在購車過程中一併申請，投保時還要花費時間和精力輸入車輛資訊。就這一點而言，若能在購車的同時一併申辦保險，而且不需要另外安裝車載設備，就能減輕消費者的負擔。再加上保費又比其他公司便宜的話，對消費者來說應該很有吸引力。

特斯拉執行長伊隆・馬斯克（Elon Musk）說道：「將來保險業務可能占收益的三十％到四十％。」雖然不知道能否真的實現，但是可以肯定的是，他對於嵌入式保險寄予很高的期望。

福特、BMW 紛紛起而仿效

特斯拉並不是唯一推動嵌入式保險的公司。舉例來說，就和特斯拉一樣，福特公司從二〇二〇年二月開始提供「福特保險」（Ford Insure）。這是一款根據駕駛人的駕駛方式給予保費折扣，最高可達四十%的保險產品，由全美互助保險公司（Nationwide Mutual Insurance）承保。

駕駛人只需提出申請並同意透過網路收集自己的車輛數據，該保險就提供十%的折扣。之後開始收集四到六個月的數據，包括已行駛里程數、緊急煞車和突然加速、怠速時間、定速行駛的時間（不是頻繁重複啟動和停止），以及是否夜間駕駛（深夜零點到凌晨五點之間）等項目，並於續約時決定折扣比率。這個保險的廣告標語是「您的安全駕駛能為您省錢」（Your Safe Driving Saves You Money）。透過嵌入車內的數據機與福特公司共享車輛數據，因此不需要加裝特殊的應用程式或設備。據說平均下來，折扣可望達到約二十%。

二〇一九年十二月，BMW 也推出「MINI Flex 汽車保險」，該計畫為在英國銷售的新車MINI提供為期三個月的免費汽車綜合保險。BMW與保險科技的新創公司Wrisk攜手合作推出這項保險商品（由慕尼黑再保險集團旗下的Great Lakes保險公司承保），三個月後，車主也可透過每月更新的訂閱續約。從消費者的角度來看，車輛和汽車保險似乎是捆綁在一起，在購車時不需要擔心保險契約。

由汽車製造商一併提供汽車保險契約，意味著消費者不必考慮車子是否有保險。換句話說，就和支付一樣，將投保過程「隱形化」的保險終將成為現實。在日本，根據《自動車損害賠償保障法》（相當於台灣的《強制汽車責任保險法》）的規定，自賠責任保險是每輛汽車都有投保義務的「強制險」。另一方面，汽車保險又被稱為「任意險」，由車主任意選擇投保項目。雖說明智的駕駛人應該加入保險以防萬一，但實際上有一些在路上行駛的車輛並沒有投保任意險。

根據日本損害保險費率計算機構在二〇二一年四月公布的《汽車保險概況》，日本國內汽車保險的全國平均投保率為七十五％。就算連同加入日本全國勞動者共濟生活協同組織聯合會（簡稱全勞濟）的汽車互助保險等車輛一起計算，投保率約達八十八．三％，仍不到九成。簡單來說，就是大約每十輛車中就有一輛沒有加入任意險。若能透過嵌入式保險，讓車主在購買汽車的同時自動投保任意險，自然能提高投保率，也可避免與未投保車輛發生事故的最壞情況。

這種保險機制的缺點，在於限縮了駕駛人選擇保險商品的範圍。雖然選擇範圍越廣越好，但若是保費比其他保險公司便宜，對駕駛人來說也絕非壞事吧。

微軟的 OFFICE 產品也嵌入保險商品

省去與保險公司簽約的麻煩、將保險整合到商品中的行業不僅限於汽車保險。例如，微軟與 AXA XL 和提供雲端按需型保險（On-Demand Insurance）新創公司 Slice Labs 合作，為「Microsoft 365 商業版」、「Office 365 商業版」和「Office 365 商務進階版」等 Office 套裝軟體的使用者提供網路保險（Cyber Insurance）。

這項保險是根據一項名為「微軟安全分數」的組織安全性狀況之評估結果，提供折扣價格給低風險的企業客戶。不僅涵蓋與網路風險有關的費用，還包括發生網路攻擊時的資安事故應變和修復服務。

以企業為目標的網路攻擊風險逐年加劇，中小企業也無法置身事外。根據日本產物保險協會在二〇二〇年一月發表的《二〇一九年中小企業經營者的網路風險意識調查》顯示，回答「曾因網路攻擊而受損」的中小企業約占兩成（十九％）。另一方面，有二十四％的企業表示，「目前尚未針對網路攻擊採取對策」，也就是說，還有大約四分之一的公司未採取任何措施因應網路攻擊。

隨著微軟在 Office 產品嵌入保險，企業無需另外購買網路保險，也不用在遭遇網路攻擊後才來採取補救對策。

此外，我也注意到這種網路保險的概念與特斯拉和福特的汽車保險相同。也就是說，就像特斯拉和福特會根據駕駛行為的數據計算出風險程度，並依此給予保費折扣一樣，這種保險除了 excel 和 word 之外，還會從 Teams 和

Share Point、Azure Active Directory等微軟產品的使用狀況來衡量安全風險，並依此給予保費折扣。共同點就是與使用者關係密切的企業可掌握數據，並由該企業自行提供保險。

嵌入式投資

嵌入式投資是指在不以投資為主要目的行為路徑中（例如購物的流程），嵌入投資和資產管理等服務。在嵌入式金融中，市場起步最緩慢的典型例子就是所謂的「零錢投資」服務。

零錢投資在金融科技市場剛興起時就已備受矚目，目前日本已經推出「虎之子」（Toranoko）、「Mametas」、「d卡零錢累積」等小額投資服務，而這些服務參考的原型就是美國的Acorns。創立於二〇一二年的Acorns公司所提供的服務就是當消費者使用信用卡或簽帳金融卡付款時，將低於一美元的找零收集起來，自動組成最合適的投資組合並進行投資的服務。

相當於以平常購物時會出現的零錢為本金的自動化投資顧問服務，這樣說明或許更容易理解。雖然一提到「投資」，往往讓人抱持著防備的態度，但將投資整合到購物這種日常活動之中，可輕鬆投資的特點受到一般消費者的青睞。Acorns已經擁有超過九百萬名的用戶，並在二〇二一年五月宣布與特殊目的收購公司（Special Purpose Acquisition Company，簡稱SPAC）合併並公開上市，一時蔚為話題。

但是，Acorns的服務與一開始曾說明過的嵌入式金融的定義，也就是「非金融公司向消費者提供金融商品和金融服務」並不相符。就此意義而言，日本的NTT DOCOMO所提供的「d卡零錢累積」，感覺上或許更接近嵌入式金融的定義。d卡零錢累積服務適用於名下有DOCOMO手機通訊線路和d卡（NTT DOCOMO的信用卡服務）持有者，使用步驟如下所示。

1. 首先從一百日圓、五百日圓、一千日圓這三種金額中擇一並設定為基準金額。
2. 使用d卡付款後的零頭視為「找零」。比方說，如果設定的基準金額為五百日圓，當消費者使用d卡支付購物金額三百五十日圓時，則差額一百五十日圓即為找零。

3. 每天累積找零的金額，在設定的扣款日從指定銀行帳戶統一扣款，每個月扣款一次並自動運用於投資。

嚴格來說，這並不是由NTT DOCOMO所「提供」的服務。NTT DOCOMO充其量只是金融商品仲介業者，擔任金融服務的「媒介」而已，實際提供金融服務的是與NTT DOCOMO合作的「金錢的設計股份有限公司」（Money Design Co., Ltd.），也是由這間公司與使用者簽約。

嵌入式銀行

由於新冠疫情，迫使商店縮短營業時間、甚至關門歇業，面對這種情況，有越來越多的企業決定將公司業務轉移到網路上。想要架設電子商務網站，首先需要開立銀行帳戶，但開立商業帳戶需花費時間，有時甚至成為影響事業快速上線的瓶頸。能夠消除這種瓶頸的方法就是嵌入式銀行。

嵌入式銀行是指非金融公司取代傳統金融機構，提供支票存款帳戶和活期存款帳戶，並發行信用卡、簽帳金融卡、集點卡等服務。從現狀來看，在非金融公司所提供這些服務當中，無論是銀行帳戶和它所發行的簽帳金融卡，對象大多為自家公司的員工或往來廠商，並不是針對一般消費者。舉例來說，提供共乘服務的Lyft公司為自家的司機提供與萬事達卡聯名的簽帳金融卡「Lyft Direct Mastercard Debit」和銀行帳戶。發行銀行帳戶和簽帳金融卡的是持有銀行執照的Stride銀行，而提供應用程式的是擅長為零工工作者（Gig Worker）開發銀行應用程式的Payfare。

Lyft提供這項服務的第一個目的，是讓司機能立即收到薪資，每次載客後，就會將薪資匯入司機的網路銀行帳戶。第二個目的是成為司機的助力，因為這些司機當中有許多人是經濟不穩定的零工工作者。不僅免支付帳戶管理費、透支費（支付金額超過帳戶餘額時所繳納的罰款）、ＡＴＭ手續費等銀行相關費用，還可用來支付瓦斯等公共事業費用或購買食品等，如果使用這張簽帳金融卡在指定的餐廳消費，還可獲得最高四％的現金回饋。

該公司的最終目的是透過提供這些協助以降低優良司機的離職率。

沃爾瑪提供會孳息的預付卡

沃爾瑪從二〇〇六年起與綠點銀行合作，在美國推出預付型的簽帳金融卡「Money Card」。由於是預付型，所以不用查核個人信用和銀行帳戶，只要年滿十八歲，任何人皆可購買使用。

自二〇二〇年五月起，增加高收益儲蓄和現金回饋等功能，自此Money Card不再是單純的預付卡，還能提供網路帳戶的服務。具體來說，預付卡內的餘額（最多一千美元）可獲得二％的利息，此外，若在該公司的電子商務網站Walmart.com中消費可獲得三％的現金回饋，在沃爾瑪經營的加油站消費可獲得二％的現金回饋，在實體店消費則可獲得一％的現金回饋（但每年最高回饋上限為七十五美元）。「若申請超市發行的預付卡，每次購物都有現金回饋，而且預付卡內的餘額也會孳息」，如此想像一下，應該就能理解這項服務所帶來的衝擊吧。此外，對於將「ASAP Direct Deposit」設定為薪資帳戶轉帳的客戶，還提供在發薪日兩天前就能領取薪水的服務。這個策略透過為這些客戶提供擁有眾多好處的金融服務來提高忠誠度。

該公司長期以來一直積極為那些無法使用銀行等傳統金融機構的人、難以通過現金回饋型信用卡審查的人提供金融服務。所以這一系列服務被認為具有同樣的意圖，有助於提高顧客參與度（customer engagement）。

此外，該公司與先買後付服務的主要供應商 Affirm 攜手合作，從二〇一八年開始為網路銷售提供延後付款服務。從那時起，即使在實體店鋪購買也可延後付款，並積極致力於擴大嵌入式金融。

對綠點銀行來說，與零售業巨頭沃爾瑪的合作在營業額方面具有重大意義，二〇二〇年度與沃爾瑪有關的業務就占其營業收入的二十七%。

圖表 2-8 美國零售領域的電子商務銷售額市場占有率（2020 年）

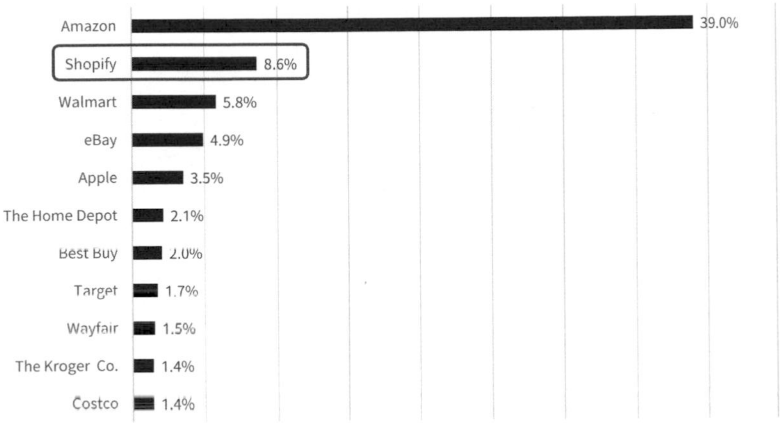

資料出處：Shopify Investor Deck Q4-2020

Shopify 和高盛的嵌入式金融策略

在本章的最後介紹果斷地致力於嵌入式金融的美國企業，並以一家美國非金融公司和一家美國傳統金融機構作為範例進行解說。非金融公司是備受矚目的「亞馬遜殺手」Shopify；傳統金融機構則是在過去有「巨大吸血烏賊」之稱的高盛集團。

來自加拿大的Shopify提供全球市占率第一的電子商務網站建構平台，因為協助商家輕鬆架設電子商務網站而廣受青睞。目前已有一百七十五個國家、超過一百萬家商店導入Shopify，從二〇一七年起正式進軍日本，自二〇一八年起也提供日語版本。

二〇二〇年，Shopify 在美國零售領域的電商銷售額市占率位居第二名（八．六％），僅次於亞馬遜的三九％（圖表 2-8）。二〇一九年的市占率為五．九％，也就是市占率在一年內成長近三％。排名第三的沃爾瑪市占率為五．八％，Shopify 創下凌駕零售業巨頭的紀錄。

雖然兩者不能這樣單純地比較，但如果將 Shopify 的交易總額與日本規模最大的樂天市場比較，就會發現 Shopify 的厲害之處。樂天在二〇二一年四到六月的電商交易總額約為一點二兆日圓，而 Shopify 的同期交易總額達四百二十二億美元（約四點六兆日圓），規模幾乎是樂天的四倍。

一般來說，知名度不高的中小企業想要在網路上銷售商品時，在日本大多會選擇亞馬遜或樂天等電商平台開店。但是 Shopify 的作法並非如此，因此在想要自己建立電商網站的中小規模商家之間獲得好評。這就是 Shopify 被稱為亞馬遜殺手的原因。

以往為了架設電子商務網站，店家必須自己準備伺服器、安裝套裝軟體，但是，Shopify 採用訂閱型的服務模式，商家可輕鬆架設網站而深獲好評。此外，支援多國語言、多種貨幣，海外配送也很容易，因此也適合跨境電子商務。

該公司目前正努力推動的嵌入式金融主要有四個。對 Shopify 來說，顧客不是一般消費者，而是想要架構電商網站的中小企業，所以他們所推動的嵌入式金融不是企業對消費者（B2C），而是企業對企業（B2B）。

(1) Shopify payment

第一個是名為「Shopify payment」的嵌入式支付。在 Stripe 支付平台的協助下，商家無需外部服務帳戶也能提供線上支付的服務。從二〇一八年開始也支援日圓，並成為使用 Shopify 時的主流支付服務。除了該公司自有的支付服務「Shop Pay」之外，還可使用 Apple Pay、Google Pay，也接受 Visa、萬事達卡（Mastercard）、JCB 和美國運通（American Express）等信用卡品牌。

對零售業者來說，最大的好處是免交易手續費（信用卡結帳需支付手續費）。在導入 Shopify payment 之前，必須在第三方服務供應商登錄帳號，然後在其他網站確認支付情況，但導入 Shopify payment 之後，就能直接在 Shopify 的帳號管理各種支付服務。

對消費者來說，好處就是可大幅減少付款時所耗費的時間和精力。特別是二〇一七年推出的 Shop Pay，因為和 PayPal 等一樣，不用每次都輸入地址等個人資訊和信用卡資訊就能付款，據說速度比一般的支付方式快四倍。這樣的速度對於防止消費者遺棄購物車有很大的幫助。

實際上，根據該公司在二〇二〇年一月中旬至二月中旬進行的調查顯示，使用 Shop Pay 支付時，以訂單為單位的轉換率要比使用一般支付方式平均高出一・七二倍。使用行動裝置時的差距尤其明顯，當消費者使用桌上型電腦時，兩者間的差距為一・五六倍；使用行動裝置時，兩者間的差距為一・九一倍。

這項轉換率的差距具有非常大的意義。在實體店鋪買東西時，看到收銀台前等待結帳的顧客大排長龍而放棄購物，相信每個人都有過一、兩次這種經驗吧。在電子商務網站也是如此，如果結帳過程既費時又費力將會流失顧客。特別是在行動裝置輸入資料又比桌機麻煩，這個傾向可說是更加明顯吧。

⑵ Shop Pay Installments

第二個是名為「Shop Pay Installments」的分期付款服務。這是在 Shop Pay 中整合先買後付的服務，消費者可以以零利息和零手續費的方式，將購物金額平分成四期付款。只要在規定的期限內付款，就不會影響信用評分。

Shopify 是與先前提到的 Affirm 合作提供這項分期付款服務，從二〇二〇年九月起，僅限在美國境內的部分商店可使用這項服務。也就是定位在所謂的「beta 版」，關於這個測試版的嘗試，Shopify 的報告顯示出幾項有趣的消費者購買傾向。

首先，導入這項分期付款服務的商家中，每四家當中就有一家的消費者平均訂單金額增加五十％，與使用外部其他分期付款服務相比，結帳時間縮短三十％。

使用 Shop Pay 所整合的分期付款時，平均結帳時間為六十九秒；使用其他分期付款服務時，結帳時間為一〇四秒。此外，與使用其他分期付款服務相比，購物車遺棄率也降低二十八％。

使用第三方供應商的服務時，網頁會重新導向外部網站，進而影響消費者的購買體驗。在這一點上，能與自家的電商網站無縫整合並提供先買後付服務的 Shop Pay Installments 顯然有其優勢，而且可以有效提高轉換率。

⑶ Shopify Capital

第三個被稱為「Shopify Capital」，以該公司的顧客、也就是以小型企業為對象的企業融資服務，融資金額從二百美元至二百萬美元不等。與傳統的中小企業融資不同，Shopify Capital 不是採取每個月本利攤還的方式，而是從將來的應收帳款中按固定比例來償還。因此，當企業獲得貸款後，如有銷售額，部分收入將會自動用來還款。

目前推出兩種方案：一種是「貸款」（Loan）方案，即還款期限為十二個月的商業貸款；另一種則是「商家預支銷售額」，同時未規定還款期限的「商家預付現金」（merchant cash advance）方案。

目前僅限美國的部分州別有提供「貸款」方案，與過往的銀行貸款相同，商家必須在十二個月內償還包括借貸金額和手續費在內的借貸總額。Shopify會將貸款金額匯入商家的銀行帳戶，商家再將每日銷售額按固定比例還給Shopify，直到總額付清為止。

Shopify將十二個月的還款期間稱為「里程碑」，每六十天為一期並分成六個還款周期，設定在每個周期結束前必須償還的最低還款金額。若未達最低還款金額，已還款金額和最低還款金額之間的差額將從商家的帳戶中扣除。

舉例來說，借款金額是五千美元，手續費是六百五十美元，還款率為十%，Shopify會將五千美元匯入商家的銀行帳戶內，並將每天銷售額的十%用於還款，直到還清五千六百五十美元為止。每個里程碑設定的最低還款金額為九百四十一美元（借款總額的六分之一），如果在第一個里程碑結束時，僅償還了八百美元，Shopify將會從商家的銀行帳戶中扣除差額的一百四十一美元。

另一方面，目前Shopify在加拿大、美國、英國提供「商家預付現金」方案，借款總額的計算方式與「貸款」方案相同，都是借款金額再加上手續費，但是沒有還款期限和里程碑，商家須將每日銷售額的固定比例用於還款，直到還清貸款總額為止。因此，適合剛創業，收入尚不穩定的商家。

樂天和亞馬遜也是如此，電子商務網站平台可以輕鬆掌握利用該平台的商家交易資料（如銷售額和銷售額成長率等）以及網站流量數據。因此，無需另行提出融資審查資料，即可準確評估商家的還款能力。以 Shopify 為例，據稱憑藉其擁有的七千萬筆數據和自有的機器學習演算法用來預測商家的最低銷售額，精準度高達九成。

商家可在提出融資申請後的幾天內取得貸款，對商家來說，這比向銀行申請貸款更加方便。若考慮到小企業常有無法通過銀行審查的情況，這項金融服務對 Shopify 和商家來說，可說是有許多好處。

Shopify Capital 在二〇二一年第一季已為企業提供超過三億美元的資金，比去年同期成長九十%。對於因新冠肺炎疫情擴大，導致資金周轉困難的小型企業來說，Shopify Capital 可說是重要的資金來源。

圖表 2-9 Shopify 銷售額變化（2016 ～ 2020 年）及明細

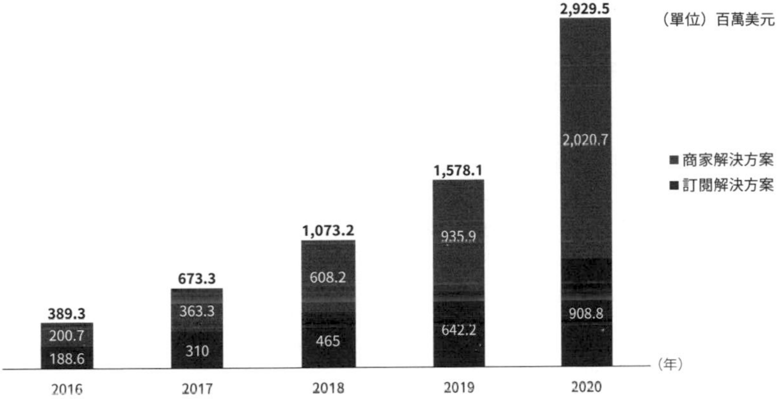

資料出處：野村綜合研究所根據 Shopify 的結算報告（2016 ～ 2020 年）製作

(4) Shopify Balance

第四個是名為「Shopify Balance」的嵌入式銀行服務。使用Shopify Balance，除了能在Shopify上直接開立銀行帳戶之外，既不收取手續費，也沒有最低存款餘額的限制，成為適合Shopify的主要客戶，也就是小型企業的帳戶服務。帳戶還附帶簽帳金融卡，可在實體店鋪付款，也可利用行動裝置或網路進行線上支付，還能從ＡＴＭ提款。

根據Shopify的調查顯示，使用該公司平台的商家當中，約有四成會將個人的存款帳戶和信用卡用來處理公司業務，因此很難確切掌握公司的財務狀況。不過，如果使用這項嵌入式銀行服務，中小企業的經營者就能另外開立公司專用的銀行帳戶，無需使用個人的存款帳戶，因此可將銷售額和付款整合至同一處進行管理。

Shopify Balance是利用前述Stripe被稱為「Stripe Treasury」的BaaS，並且與銀行執照持有者Evolve Bank & Trust攜手合作才得以實現。這可說是具有嵌入式金融色彩的服務吧。

Shopify有兩個主要營收來源。一個稱為「訂閱解決方案」（Subscription Solution），即每個月向使用Shopify平台的商家收取開店費用。另一個稱為商家解決方案」（Merchant Solution），是以Shopify Payment的支付手續費為主的銷售額，其中也包含Shopify Capital或配送網的銷售額。

從該公司二〇二〇年度的全年決算來看，銷售額達二十九億三千萬美元，其中訂閱解決方案的銷售額為九億九百萬美元，商家解決方案的銷售額為二十億二千一百萬美元，商家解決方案的占比將近七成（圖表2-9）。由此可看出嵌入式金融在該公司的銷售額上所扮演的角色越來越重要。

用 BaaS 切入嵌入式金融的高盛

二〇一六年四月，世界屈指可數的投資銀行高盛收購奇異公司（General Electric）旗下網路銀行「奇異資本銀行」（GE Capital Bank）的資產，並與高盛集團的銀行子公司「高盛美國銀行」（Goldman Sachs Bank USA）部門進行整合，設立網路銀行。這間網路銀行是以一般消費者為主的零售銀行，只要存入一美元即可開立帳戶，這與以往想要成為高盛客戶最少需要一千萬美元的門檻大相逕庭。

自二〇一六年十月起推出名為「Marcus」的金融品牌。該品牌係以高盛共同創辦人高德曼（Marcus Goldman）之名所命名，加入為普羅大眾提供無實體店鋪的數位銀行服務之行列。Marcus 推出免收手續費的無擔保貸款服務，截至二〇一七年底，放貸金額已達二十億美元。隨後又將高盛美國銀行的線上存款平台整合到 Marcus 中，現在 Marcus 已成為零售銀行服務的品牌。

Marcus 在開始服務後的三年內，用戶人數就達到五百萬人，未償貸款餘

圖表 2-10　高盛數位銀行服務「Marcus」的存款餘額變化（依季別）

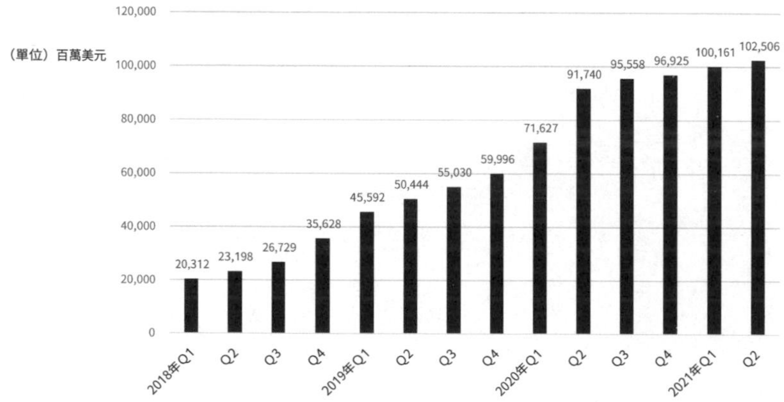

資料出處：野村綜合研究所根據高盛季報（2018Q1 － 2021Q2）製作

額擴大到五十億美元。貸款的資金則來自存款人，能夠順利籌措資金的理由是一直以來遠高於全美平均水準的高利率。舉例來說，剛開始提供服務時的利率為一・五％，而全美平均利率為〇・〇六％；二〇二〇年五月時的利率為一・三％，而全美平均利率為〇・二五％；二〇二一年八月時的利率為〇・五％，而全美平均利率為〇・〇九％。截至二〇二〇年底，存款餘額已累積達九百六十九億美元，比二〇一九年底增加約三百七十億美元，甚至在二〇二一年第一季時突破一千億美元（圖表 2-10）。

但是，高盛對於 Marcus 所設定的目

圖表 2-11 高盛變化與創新的歷史

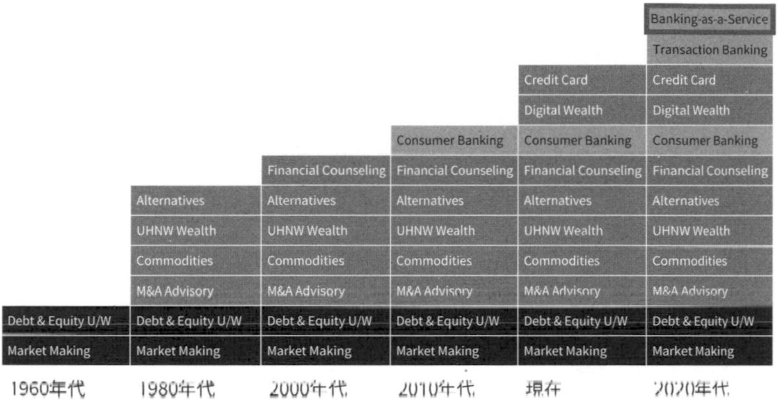

資料出處：野村綜合研究所根據高盛「投資者大會 2020」資料製作

標更高。在二〇二〇年一月召開的「投資者大會二〇二〇」上，宣布五年後的目標是超過一千二百五十億美元。而實現這個目標的原動力就是 BaaS 業務，高盛將 BaaS 業務和交易銀行業務（Transaction Banking）[3] 定位為二〇二〇年代的「創新」之一（圖表 2-11）。

該公司提供的 BaaS 是基於 Marcus 在構建數位基礎上所累積的專技知識（Know-How）。利用 BaaS 開發的第一項嵌入式金融服務，就是二〇一九年八月

3 爲企業客戶提供資金管理和支付結算等金融服務。

在美國開始發行的蘋果信用卡「Apple Card」。Apple Card是高盛銀行和蘋果公司共同發行的信用卡，由高盛銀行負責處理伴隨信用卡帳戶產生的債務和帳單業務，蘋果公司本身並未取得發行信用卡和支付所需的銀行執照。因此，蘋果公司能專注於提供展現其世界觀的使用者體驗，包括從信用卡的申請到開卡的整個過程。

二〇一九年九月底，即Apple Card發行後的隔月，高盛放出的信用額度就高達一百億美元，持卡人的未還款金額已達七億三千六百萬美元，甚至讓高盛執行長大衛・所羅門（David Solomon）說出：「這是有史以來最成功的信用卡發行。」

為捷藍航空提供先買後付服務

高盛從占據大部分收益的投資銀行和貿易等以資本市場為主的事業當中，在尋求多樣化發展的目的之下，透過Markus品牌傾注心力為普羅大眾提供服務。雖然銷售額順利成長，但在該公司整體銷售額中的占比仍微不足道。截至二〇一九年九月底，包括 Marcus 和 Apple Card 等在內的消費金融業務銷售額（過去一年）僅占整體營收的二・四％。

為了加大消費者金融業務的成長力道，該公司正在推動向其他公司提供 BaaS 的嵌入式金融。二〇二〇年四月，高盛開始提供名為「MarcusPay」的先買後付服務，並宣布第一個導入該服務的合作夥伴就是捷藍航空。MarcusPay 亦正如其名，就是掛在 Marcus 品牌之下所提供的服務，這也意味著將 Marcus 的服務擴展到存款和個人貸款以外的領域。

可使用 MarkusPay 購買價格在七百五十美元至一萬美元之間的商品或服務，還款期限可選擇十二個月或十八個月。利率為十・九九％至二十五・九九％的固定利率，無需押金，除利息外不收取任何手續費。

現在也可使用 MarcusPay 購買捷藍航空推出的套裝假期（包含機票和住宿費的旅遊商品）。據悉該公司在採用 MarcusPay 之前曾分析過客戶行為，結果顯示千禧世代使用分期付款的比例是X世代的二倍，是戰後嬰兒潮世代的四倍，先買後付深受千禧世代的青睞。

因此，該公司認為只要在套裝假期的結帳過程中嵌入 MarcusPay 作為付款選項，就能提高以千禧世代為主要客層的轉換率，並提高客戶忠誠度。實際上，據說在二〇二〇年九月的促銷期間，大約有三十％的預約使用了 MarcusPay。

高盛與亞馬遜、沃爾瑪合作，爲開店商家提供貸款

此外，高盛在二〇二〇年六月與亞馬遜合作，為在亞馬遜電商網站開店的小型企業提供額度上限為一百萬美元的信貸額度（短期營運資金貸款）。由於申請過程完全採數位化，商家收到來自高盛的貸款邀請，只需幾分鐘就能完成申請手續，審查結果幾乎是即時送達。借款利率為六・九九％至二十・九九％的固定利率，可以像信用卡一樣扣款和還款。

如果有意申請貸款的商家同意，高盛將從亞馬遜取得商家的收支狀況和開店期間等相關資料，並將這些資料用於貸款審查。該公司表示這些資料只會用

於該筆貸款，並不會用在其他金融產品的邀請。

亞馬遜長期以來與美國銀行合作，為商家提供長期貸款（長期設備資金貸款），在二〇一九年時，為一萬四千間以美國為據點商家提供的貸款金額超過十億美元。由於未來也將繼續提供這項貸款服務，對於開店商家來說，可供選擇的貸款方案變得更加多元。

高盛與大型企業的合作並沒有就此結束。二〇二〇年九月，高盛宣布與亞馬遜的競爭對手沃爾瑪攜手合作。就如同跟亞馬遜的合作一樣，高盛為在沃爾瑪經營的電商網站商家提供信貸額度，但貸款金額介於一萬美元至七萬五千美元之間，低於提供給亞馬遜商家的貸款金額。不過，給沃爾瑪商家的利率則跟亞馬遜商家相同，介於六・九九％至二十・九九％之間的固定利率。

對於創立至今已有約一百五十年歷史、向來以華爾街的客戶和超級富豪為目標客層的高盛集團來說，中小型企業客戶的業務可說是幾乎未知的領域。亞馬遜和沃爾瑪這兩家電商平台擁有成千上萬的小型商家，獲得這些商家的資料有助於改善貸款模式。即使到最後商家沒有貸款，由於能接觸到兩家公司數量龐大的商家，對於提高「Marcus」品牌的知名度也有很大的幫助。

轉型爲科技公司的高盛

高盛之所以能夠順利進入BaaS市場，主要歸功於該公司從幾年前就開始推動轉型為科技企業的緣故。高盛在二〇一七年召開的會議上公開表明，在二〇〇〇年時，任職於紐約總部的交易員還有六百人之多，但由於股票交易的自動化，到了二〇一七年只剩下兩人，而當時的高盛約有九千名ＩＴ工程師，占總員工人數的三分之一，這項事實也令世人震驚。

此外，二〇一九年十二月，在全球最大雲端服務供應商AWS舉辦的年度盛會「re：Invent 2019」中，高盛執行長所羅門登台進行主題演講，並表明Apple Card就是使用AWS作為基礎架構而引發熱議。

他強調技術對高盛集團的重要性，介紹專為開發人員提供的API入口網站（http://developer.gs.com），並說明該公司將開發人員視為「顧客」。實際上在以 BaaS 模式提供 Marcus 之前，高盛就在為開發人員提供的入口網站上，開放以機構投資人為對象的工具——「Marquee」的 API。

他接著表明將高盛的金融服務架構在 AWS 上的意圖，並於主題演講的尾聲宣布預計從二〇二〇年（當時）開始，交易銀行服務也將架構在雲端原生（cloud native）的環境。

實際上，高盛於二〇二〇年六月已在美國開放交易銀行的 API。目前有超過二百五十家客戶使用，接受超過三百五十億美元的存款，經手金額高達數兆美元。高盛之所以能順利處理高達數兆美元的金額，可說是運用了雲端服務的緣故吧。

第三章

科技龍頭也加入嵌入式金融的行列

先前已有部分內容提及谷歌、亞馬遜、蘋果等科技龍頭也開始加入嵌入式金融的行列，而本章將整理介紹各家公司在這方面所投入的心力。

谷歌收購金融科技公司正式進軍日本金融市場

根據二〇二一年七月八日《日本經濟新聞》的晚間獨家報導：「谷歌收購國內智慧型手機支付，正式進軍日本金融市場。」「pring」是一家透過智慧型手機提供 QR code 支付及匯款服務的新創公司，據悉谷歌收購該公司後，將從二〇二二年開始在日本國內提供支付及匯款服務。pring 成立於二〇一七年，是由從事支付代理業務的 Metaps、伊藤忠商事、SBI 投資和瑞穗銀行等企業共同出資設立的資金移動公司。

從二〇一八年開始提供服務，而同時期有眾多「〇〇 Pay」出現在市場上，所以常被認為是 QR code 支付的公司，不過其實該公司主要從事匯款服務。使用 pring，就像用智慧型手機發訊息給朋友的感覺，可輕鬆處理分攤帳單或收錢等收付款事宜。

此外，還為企業提供名為「營業用pring」的服務，企業可使用該服務匯款至個人的智慧型手機，也可用於將點數兌換現金和員工的經費核算。具備一年三百六十五天、全天二十四小時皆可匯款，以及只需電話號碼即可輕鬆匯款、手續費為每筆五十日圓比銀行便宜等優點，因而受到好評。至於匯款的款項，收款人可在自己的銀行帳戶取款，也可在七銀行的ATM提領現金。

谷歌希望藉由收購pring達到什麼目的？首先可以預想的是當成Google Pay的錢包靈活運用。在美國，透過匯款等方式收到的款項可先存入錢包中，既可在購物時支付費用，也可從銀行帳戶提領現金或再次匯款給他人。

儘管谷歌已在約四十個國家推出Google Pay，但是除了美國以外，只有印度能使用錢包功能。許多國家的用戶在Google pay完成信用卡註冊後，功能僅限於行動支付。在日本也是一樣，由於可註冊的信用卡和支付方式並不多，導致使用場合受限。

但是，這次收購pring之後，情況可能會發生重大變化。連同三家巨型銀行在內，pring的合作銀行超過五十家，誠如前述，可在銀行帳戶或七銀行的ATM提取現金。因此，若是谷歌能運用pring已經建立的匯款機制，那麼Google Pay在日本所具備的功能就達到美國本土的水準。

谷歌考慮在美國提供銀行帳戶

不過，如果看到谷歌於二〇二〇年十一月在美國推出新的金融服務「Google Plex」，應該不難看出該公司的深謀遠慮。谷歌的Plex是一項行動裝置優先（mobile first）的數位服務，除了可以開設活期存款和支票存款帳戶、發行簽帳金融卡之外，藉由與Google Pay的整合，還能進行支付與個人間匯款等，預計從二〇二一年開始提供服務（但作者在撰寫本書時尚未開始）。此外，還計畫將漢堡王、Target折扣商店等合作企業的優惠券或促銷代碼存在Google Pay中，只要出示即可輕鬆使用。

無論是活期存款或支票存款都不用帳戶管理費，也沒有規定最低存款餘額。

此外，Google Plex還會分析用戶的購買行為，例如每週花費多少、在每家商店的消費金額，也能設定儲蓄目標並管理儲蓄的進度等。也就是具備所謂的個人理財（PFM）功能。

雖說可以開立帳戶，但是谷歌並不會成為銀行。谷歌計畫與花旗集團、西班牙對外銀行（BBVA）、綠點銀行、西雅圖銀行（Seattle Bank）、史丹佛信用合作社（Stanford Federal Credit Union）等十一家金融機構攜手合作，為顧客提供銀行帳戶，這就是嵌入式金融。

「谷歌無意成為銀行。我們已經在金融生態圈與銀行合作許多年。今後身為合作夥伴的銀行機構也將繼續鼎力協助，採取最有效的方式，盡量為更多使用者提供金融服務和金融產品」，時任谷歌的支付生態圈副總裁菲立克斯・林（Felix Lin）在接受媒體採訪時如此說道。雖然從幾年前開始，谷歌設立銀行的傳言就時有所聞，但至少在目前看來，谷歌本身並沒有取得進入銀行業的執照，而是透過嵌入式金融的架構提供金融服務。

既然是提供銀行帳戶，當然會涉及到既有金融機構的部分業務並形成競爭關係。但是，谷歌以搜索服務為主，透過提供各種服務，擁有非常廣泛的顧客接觸點。從金融機構的角度來看，可望大幅擴大客戶群。名列合作夥伴的西雅圖銀行執行長約翰・布里薩（John Blizzard）表示樂見其成，並說道：「與谷歌合作將『改變遊戲規則』。我確信我們能提供業界最棒的使用者體驗，同時也能開拓新的商業領域。」

另一方面，對於挑戰者銀行（Challenger Bank）以及主要客層為年輕世代、提供支付和匯款等服務的金融科技公司來說，谷歌此舉卻構成威脅。因為如果整合了Google Pay的Google Plex以其壓倒性的品牌影響力為後盾，在Z世代之間（一九九六至二〇一五年出生者）廣為流行，就有可能將標榜數位銀行的金融科技服務一併吞噬。

實際上，年輕世代對Google Plex抱持很高的期待。提供金融諮詢服務的基石諮詢服務公司（Cornerstone Advisors）在二〇二〇年第四季所進行的問卷調查顯示，Z世代對於Google Plex的特點，也就是「找到附近的加油站，自動支付Get gas鍵」，有四十八%的受訪者回答「非常感興趣」、對於「P2P

圖表 3-1　對 Google Plex「非常感興趣的功能」

	Z 世代（21-25 歲）	千禧世代（26-40 歲）	X 世代（41-55 歲）	嬰兒潮世代（56-74 歲）
找到附近的加油站，自動支付 Get gas 鍵	48%	41%	30%	13%
P2P 匯款	45%	45%	33%	13%
找到餐廳、點餐和支付的 Get food 鍵	43%	42%	28%	11%
深入理解消費行爲，自動掃描交易行爲，無需手動輸入的功能	42%	41%	27%	9%
團體內的 P2P 匯款	40%	38%	24%	7%
零售商家根據購買和搜尋紀錄提供個人化優惠	36%	35%	25%	10%
可連結 Gmail 和 Google 相簿帳戶，自動掃描收據	36%	39%	27%	9%
零售商家提供的一般優惠，但不是基於付款和搜尋紀錄	29%	30%	21%	8%

資料出處：根據基石諮詢顧問公司二〇二〇年第四季的調查報告

匯款」也有四十五％的受訪者回答「非常感興趣」。與此相對，年齡介於五十六歲至七十四歲的嬰兒潮世代，回答「非常感興趣」的人，兩項都只有十三％（圖表 3-1）。

如果能藉由和持有執照的銀行攜手合作，獲得提供金融服務不可欠缺的「信任」和「安心感」，同時運用從以前就被公認好用的使用者介面提供銀行服務，將具備相當大的發展潛力。

谷歌爲何提供銀行服務？

既不用每個月支付帳戶管理費，還附帶個人理財功能的 Google Plex，讓使用者覺得這項服務有很多好處。但是，此時腦中不免會浮現一個簡單的疑問：谷歌提供這項服務的目的是什麼？

信用卡的手續費收入和發送上述合作企業的優惠券等業務可望帶來部分收入，然而這些並不是全部。自創業以來，谷歌的收益來源一直都是廣告，而支撐廣告收入的是使用者資料。如此一想就不禁令人猜疑，Google Plex 的目的是否也是用來收集使用者資料？但是，谷歌在公布這項服務時就發出聲明：「Google Pay 不會將顧客資料出售給第三方，也不會為了定向廣告而將顧客的交易紀錄分享給其他谷歌服務。」由上述聲明可以理解的是，谷歌既不會對外出售資料，也不會在未經使用者許可的情況下將資料分享給谷歌的其他服務。

但是，在徵得使用者同意的情況下則另當別論。實際上，當使用者註冊 Google Pay 的帳戶時，系統會詢問使用者在 Google Pay 內的交易數據（例如購物地點）是否可用於「個人化」以改善使用者體驗。只要徵得使用者同意，就會開始與谷歌的其他服務合作。例如，從 Gmail 收到帳單或收據時，可自動判斷內容並導入應用程式處理帳單或收據。

從金融服務中獲得的資料，不僅非常敏感也極具價值。目前可想到的活用方式，像是收到近期經常購物的商店發來折扣通知，或收到其他商店的廣告，能用更便宜的價格購買自己常買的商品。如果能正確掌握銀行餘額、收入來源、消費習慣等，那麼假以時日提供貸款服務也就不足為奇了。實際提供貸款的當然不是谷歌本身，而是谷歌的合作銀行吧。雖說是以使用者同意為前提，但如果谷歌藉由分析使用者的各種相關數據，提高授信的準確度，提出比其他金融機構更有利的條件，那麼也能提高獲得同意的機率吧。

這樣的貸款方式已經接近使用所謂的「信用評分」貸款，就像阿里巴巴集團旗下的螞蟻集團（原螞蟻金服）在中國提供的信用評分「芝麻信用」（Sesame Credit），或日本的瑞穗銀行和軟銀的合資公司J.Score提供的「人工智慧評分」（AI Score）。

谷歌在日本提供銀行服務的可能性

Google Plex在日本推廣的可能性有多大？如果只是根據先前說明過的谷歌收購pring一事，就認為谷歌遲早也會在日本提供銀行服務，有點為時過早。公布收購的消息確實帶來很大的衝擊，也引發各種揣測，但這些都只是猜測而已。正因為Google Plex本身在美國也還沒有開始提供服務，所以實際上能提供多少服務還不得而知。毫無疑問的是，美國的成功經驗將是進軍日本的先決條件，因此首先要密切關注美國市場的未來形勢。

就算是谷歌，要讓金融服務一蹴可幾也不是一件簡單的事。實際上，全球已有四十個國家能使用Google Pay，據報導每個月的使用人已數達到一億五千萬人。乍看之下，或許會覺得這個數字很大。但是，據說使用谷歌的人數超過二十億，若考慮到這一點，又會覺得這個數字略顯不足。

假設要進軍日本市場，自然就像在美國市場一樣，考慮和持有銀行執照的金融機構合作，不過谷歌到底會選擇和哪家金融機構合作呢？目前三菱日聯銀行和NTT DOCOMO、瑞穗銀行和LINE已經分別宣布，將提供新的數位帳戶服務和設立數位銀行，詳細內容將在下一章進行解說。三井住友銀行也是從以前開始就和雅虎（現在的Z控股）共同經營日本網路銀行（現在的PayPay銀行）。雖然只要持有銀行執照都行，沒必要非得是巨型銀行，但考量到日本人偏好大企業的民族特性，以及提高在日本進軍銀行服務的影響力，還是需要和大品牌合作吧。

蘋果公司藉由「Apple Card」參與嵌入式金融

蘋果在嵌入式金融方面的戰略核心，就是先前提到的Apple Card（蘋果信用卡）。蘋果公司於二〇一九年八月在美國推出這張信用卡，發卡機構是高盛，甚至發下豪語宣稱Apple Card的全新服務將「完全重新定義信用卡」。

在蘋果公司的美國官網介紹Apple Card的頁面上，首先映入眼簾的是「由蘋果創造，由iPhone驅動」（Created by Apple, Powered by

圖表 3-2 鈦合金製實體卡和 iPhone 虛擬卡

鈦合金蘋果信用卡（實體卡）

iPhone 上的蘋果信用卡（虛擬卡）

資料出處：https://www.apple.com/newsroom/2019/08/apple-card-launches-today-for allus customers/

iPhone）這句話，從這句話可以感受到蘋果公司亟欲與現行發卡公司所發行的實體信用卡劃清界線。

雖然 Apple Card 也發行由鈦合金打造、具有高質感的實體卡，但基本上 Apple Card 的定位是以綁定 Apple Pay 使用為前提的虛擬卡（圖表 3-2）。使用者可從 iPhone 的錢包應用程式（Wallet APP）申請 Apple Card，而大部分申請所需的資料，像是住址、電話號碼和姓名等，系統會根據 Apple ID 的內容預先輸入。因此只需輸入年收入等資料即可輕鬆完成申請程序。輸入所有資料後，畫面會顯示使用條款及約定，同意後就會向高盛提交申請書進行審查。只要通過審查，就能立即使用虛擬卡。

許多美國使用者將親身體驗上傳至部落格或其他社群媒體，其中有很多人的心聲是「對申請過程印象深刻，從申請到開始使用只需短短幾分鐘就完成了」。這是與傳統的實體卡完全不同的使用者體驗，以往填寫信用卡的申請表格不僅費時費力，而且實體信用卡是在「幾乎快忘記的時候才送達」。此外蘋果公司也透過電話和簡訊提供二十四小時的客戶服務，這一點也使 Apple Card 與傳統信用卡公司的客戶服務有所不同。

實體卡正面僅刻有蘋果標誌和使用者姓名，背面也只有發行機構高盛和國際品牌萬事達卡的標誌。其他資訊全都保存在內部的 IC 晶片中，卡片上沒有一般信用卡會有的卡號、到期日、驗證碼（CVC）、簽名欄等，可以說遭到側錄或盜刷等損失的可能性幾乎為零。雖然實體卡的定位在於「輔助」，只有在不能使用虛擬卡時才派上用場，但似乎其目的也是藉由將安全性提高到前所未有的水準，消除使用信用卡時的不安並促進消費者使用意願。

使用 Apple Card 既沒有年費、海外交易手續費、滯納金、超過額度的手續費等，還能得到印有蘋果標誌且散發高級感的鈦金卡，對於素有「蘋果信徒」之稱的狂熱果粉來說，應該有致命的吸引力吧。

透過現金回饋促進使用

誠如前述，Apple Card 是經由 iPhone 的「錢包」應用程式申請。基本上要綁定 Apple Pay 使用，所以只要持卡人越多，那麼使用 Apple Pay 的人也將隨之增加。單憑蘋果品牌的鈦金卡應該就能吸引到一定數量的使用者，但是如果不常拿出來使用，還是會影響收益。於是乎推出的方案就是，每次使用 Apple Card 消費都能獲得現金回饋。

使用 Apple Card 購物時，會將消費金額的一定比例作為「每日現金回饋」（Daily Cash）並立即返還給消費者。由於回饋的是現金，所以跟點數不同，沒有使用效期。現金可以立即存入錢包應用程式內的預付服務「蘋果現金卡」（Apple Cash Card）中（將於後續說明）。由於不限制單日存入的金額，因此消費多少金額就能獲得多少現金回饋。

回饋率會根據消費場合而有所改變。使用與Apple Pay綁定的Apple Card消費時，可享有二%的現金回饋；在NIKE、Uber Eats、埃克森美孚（Exxon Mobil，石油公司）和沃爾格林（Walgreen，美國藥局連鎖龍頭）等特定商店消費時，則享有三%的現金回饋。即使不是使用Apple Pay，而是使用實體卡消費時，若是在蘋果專賣店、官方網站和應用程式內購買Mac電腦、iPhone手機殼，App Store內的遊戲、Apple Music和Apple TV+等蘋果商品或服務，可享有三%的現金回饋（撰寫本書當時）。

此外，偶爾也會推出促銷活動吸引新用戶。舉例來說，在二〇二一年三月時，即針對開立Apple Card帳戶的新用戶推出現金回饋率翻倍的促銷活動，將現金回饋率提高到六%（適用於蘋果專賣店和官方網站購買蘋果產品）。

用戶不需要為了確認Apple Card的消費金額而去登錄其他網站或應用程式，由錢包應用程式自動累計的消費金額，用戶可以按「週」或按「月」等不同的顯示方式查看。只要利用按類別（例如飲食、購物、娛樂等）進行顏色分類計算消費金額的功能，就能一目瞭然地掌握自己的消費結構。此外，透過與地圖應用程式的連動，還能輕鬆看到自己的消費地點和所購買的商品。這項名為「Payment Wheel」的功能，可輕鬆確認利息如何隨著還款金額和還款時間而產生變化，並提供建議幫助用戶減少支付利息（圖表3-3）。這種新穎的用戶介面也帶給人一種「重新定義信用卡」的深刻印象。

可與家人共享的 Apple Card Family 服務

二〇二一年四月，蘋果公司宣布一項名為「Apple Card Family」的新服務，最多可與五位家庭成員共用一張 Apple Card。只要年滿十三歲就可共用同一張 Apple Card，並根據權限將「家人共享」成員設定為兩種類型。

(1) 共同持有者

年滿十八歲的用戶，擁有與帳戶持有人同等的權限和責任。

圖表 3-3　Apple Card 的「Payment Wheel」功能

滑動手機螢幕上的「環形」圖示，可即時查看利息根據還款金額和還款時間的變化程度

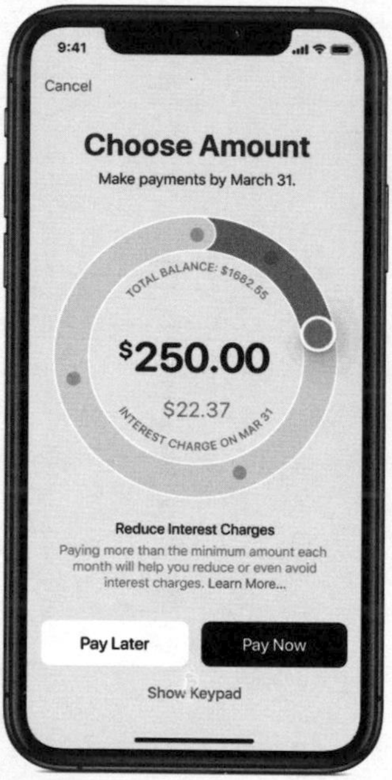

資料出處：https://www.apple.com/newsroom/2019/08/apple-card-launches-today-for-allus-customers/

(2) 參與者

只要年滿十三歲就能參加，可在共同持有者規定的上限金額內使用信用卡。付款責任由共同持有者承擔，信用卡的使用紀錄也會整合到共同持有者的紀錄當中。自己的消費金額能獲得每日現金回饋。

Apple Card Family可共享家人所有的消費紀錄，誰花了多少錢買了什麼，全都一目瞭然無法隱瞞。此外，每次使用信用卡時，都會通知信用卡持有人並詢問是否同意，這意味著父母可以管控子女使用信用卡的情況。從金融知識教育的觀點來看，能讓孩子在父母的保護下使用信用卡是一件非常有意義的事，孩子可從親身體驗中學習如何使用金錢。

更值得一提的是，Apple Card Family可以共同建立信用紀錄。日本的信用卡也推出家庭卡，不過只有持卡者本人能建立信用紀錄。使用Apple Card，只要是年滿十八歲的人都能同等地建立信用紀錄。若出現延遲繳款等情形，有時也會產生負面影響，但這也是理財教育的一環。

當然蘋果公司也有鞏固 Apple Card 潛在使用者基礎的目的吧，使用 Apple Card 購買蘋果商品、累積現金回饋，再用來購買蘋果商品，從小就經歷這種循環的使用者，長大後很可能成為蘋果的忠實客戶。等到將來能獨立擁有自己的信用卡時，已建立良好的信用紀錄，也能輕鬆通過 Apple Card 的審核。蘋果公司應該是藉由提供家人共享的信用卡描繪出這樣的遠景。

個人對個人匯款服務的「Apple Cash」

Apple Cash（蘋果現金）是 Apple Pay 功能的一部分，可使用 iMessage 和 Apple Pay 機制在用戶之間匯款的個人對個人匯款服務。只要使用 iPhone 或 iPad，即可透過 iMessage 或 Siri 指定金額輕鬆匯款（圖表 3-4），預計這項服務可用來分攤帳單等。舉例來說，使用 Siri 執行匯款時，只要語音輸入「用 Apple Pay 向佐藤先生發送十美元的午餐費」即可。

收到的款項會放入錢包應用程式內的虛擬現金卡，也就是「Apple Cash

圖表 3-4 使用 iMessage 匯款的示意圖

開啟訊息應用程式，輕觸「Apple Pay」標誌，輸入匯款金額後，以 Touch ID 或 Face ID 授權即完成匯款

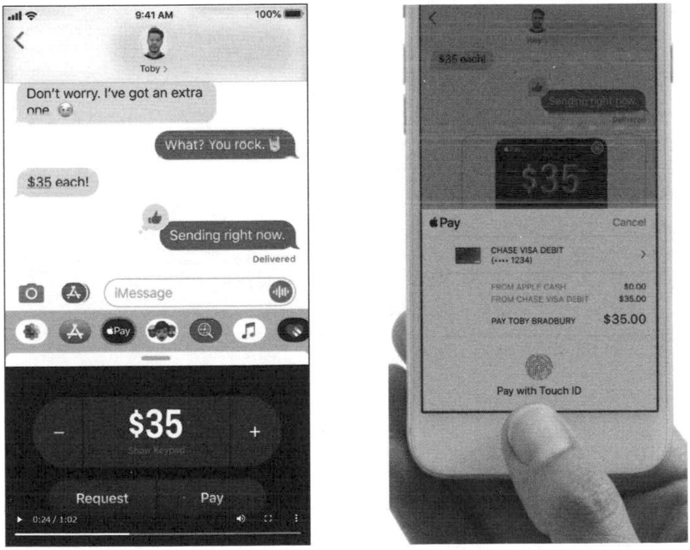

資料出處：https://www.apple.com/apple-cash/

卡」中。進入iPhone的「設定」選擇「錢包與Apple Pay」，然後開啟「Apple Cash」就會自動生成Apple Cash卡。Apple Cash卡除了可以存入上述每日現金回饋之外，也可從Apple Pay專用的簽帳金融卡或預付卡中存入現金。

Apple Cash卡內累積的金額有三種使用方式。第一種是將錢存入自己的銀行帳號，可以免手續費就從Apple Cash卡匯款到自己的銀行帳號。第二種是用於個人對個人匯款的資金，收到的款項可用來匯款給其他用戶。第三種是可使用Apple Pay付款，只要有支援Apple Pay，無論是在實體商店還是在網路商店皆可使用。

Apple Cash是蘋果公司與擁有銀行執照的綠點銀行合作才得以實現，因此想要使用該服務，必須在綠點銀行開立專用帳戶。為了防止洗錢，辦理開戶手續時，需要提供美國境內的住址、電話號碼和社會安全碼，所以目前只有居住在美國的人才能使用。

當用戶越常使用Apple Card，那麼Apple Cash內所累積的資金也就隨之增加，這意味著蘋果公司將匯集相當數量的資金。雖然不知道具體金額是多少，但 Apple Card 持有人數正在穩健增加，根據先前曾提過的基石諮詢顧問公司推估，在二〇二一年春季時，已經有大約六百四十萬人持有 Apple Card[4]。如果運用這項資金，將來也可能提供像是嵌入式投資等新型的金融服務吧。

Apple Pay 也開始提供先買後付

據彭博社報導，Apple Pay 計畫於二〇二一年七月提供延後付款服務。該報導指出，這項服務被稱為「Apple Pay Later」，iPhone 用戶使用 Apple Pay 購物時，可以選擇將購物金額分四期付款，每兩週支付一次，或是在幾個月內支付。前者沒有利息，但選擇後者則會產生利息。

就跟 Apple Card 一樣，這是蘋果攜手高盛共同開發的服務，希望讓未持

4 https://www.forbes.com/sites/ronshevlin/2021/05/04/apple-card-grows-to-64-millioncardholders-thanks-tc-women / ? sh = 4 a6ee18c2f57。

有 Apple Card 的信用卡用戶也能使用這項服務。實際上，蘋果公司已經推出「Apple Card Monthly Installments」方案，當用戶購買蘋果商品時，只要使用 Apple Card 付款，即可無息分期付款。但是，由於 Apple Card 是信用卡，所以必須經過發卡機構的審查，並非任何人都能持有。蘋果公司為了未通過審核的用戶推出一項名為「Path to Apple Card」（通往蘋果信用卡之路）的信用狀況改善計畫[5]。

隨著 Apple Pay Later 的推出，今後只要使用 Apple Pay 付款，任何信用卡都可以延後付款。此舉的目的被認為是將客戶群擴大到未持有 Apple Card 的其他信用卡用戶，進而促進消費者使用 Apple Pay 支付並增加交易手續費。

在這篇報導公布後不久，提供先買後付服務的先行者 Affirm 公司股價應聲下跌十五%。但是，對蘋果公司來說，Affirm、Klarna 和 Afterpay 等提供

5 根據來自高盛的資訊說明審查被拒的理由概要，透過協助用戶改善財務指標，提高下次申請獲得核准可能性的計畫。

先買後付服務的供應商並不是真正的競爭對手。iPhone 在美國智慧型手機市場的市占率為五十%左右，據說在 iPhone 用戶當中，約有五十%的用戶會使用 Apple Pay，其中約有四十%會在日常生活中使用[6]。若換算成人數就大約是兩千五百萬人，占美國成年人的十%左右。其中，估計會使用先買後付服務的客層，從其特性來看，幾乎都是相對年輕的Z世代和千禧世代。

如此想來，對蘋果公司而言，先買後付服務本身的收益並不是那麼重要，以先買後付為附加價值的線上支付服務市場才是其核心。換句話說，蘋果公司應該意識到競爭對手是谷歌、PayPal 和 Square 等公司。

蘋果的眞正目標是建構支付生態系統

6 https://www.forbes.com/sites/ronshevlin/2021/07/13/apple-and-goldman-sachs-to-launch-apple-pay-later-a-buy-now-pay-later-service/。

由此可見，蘋果公司以 Apple Card 為契機進軍嵌入式金融市場的真正目的，在於建構支付生態系統。

對於成長略顯停滯的 Apple Pay 來說，透過 Apple Card 的發行，在促進用戶多利用 Apple Pay 的同時，由於現金回饋是累積在 Apple Cash 卡中，因此也能提升 Apple Cash 的使用率。而使用 Apple Card 購買蘋果商品時可享有更高的現金回饋率，也能帶動蘋果商品的銷售。

想要使用 Apple Cash 匯款給親朋好友，對方也必須使用 Apple Cash，所以有助於增加 Apple Cash 的使用人數。此外，在 Apple Cash 中所累積的錢可透過 Apple Pay 進行支付，此舉也能提高 Apple Pay 的使用率。

另一方面，新推出的先買後付服務，主要鎖定手頭不寬裕的千禧世代和 Z 世代客層，增加選擇 Apple Pay 作為支付方式的用戶數量。先買後付服務則是以使用 Apple Pay 為前提，所以用 Apple Pay 支付的金額也會攀升。若能使用無息延後付款，對於價格偏高的蘋果商品來說，也可望發揮帶動買氣的效果。

此外，如果每期都能準時繳清費用，選擇延後支付的用戶就能改善其信用評分，

圖表 3-5 蘋果的目標是打造「支付生態系統」

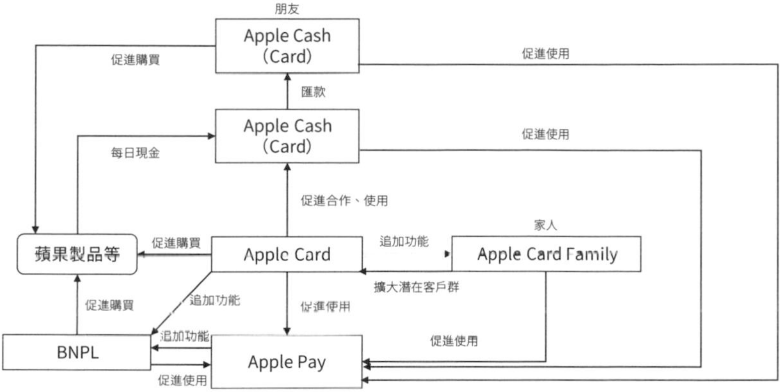

資料出處：野村綜合研究所

尚未持有Apple Card的用戶也能提高通過申請的可能性。

隨著Apple Card Family的加入，除了在近期內增加Apple Pay的使用率之外，同時也為Apple Card鞏固將來的使用者基礎。

蘋果公司透過推出Apple Card，已經成功地將先前問市的Apple Pay和Apple Cash緊密連結起來，並藉由增加先買後付服務進一步強化支付生態系統（圖表3-5）。

這是蘋果公司首次涉足信用卡事業，直到發行之前，應該一路走來也絕非一片坦途。但是，透過與高盛攜手合作，讓蘋果公司能夠進入市場卻無需承擔伴隨著信用卡業務而來的全部風險。而希望尋求事業多角化發展的高盛，提出重視信用卡業務的方針，並以此作為消費者金融事業的支柱之一，這的確可說是一個雙贏的關係。

專欄

「Apple Card」會登陸日本嗎？

在 iPhone 用戶眾多的日本，可以聽到殷切期盼在日本發行 Apple Card 的聲音。如果試著在谷歌的搜尋欄輸入「Apple Card」或「蘋果信用卡」，甚至會出現「Apple Card 登陸日本」、「蘋果信用卡 日本 從何時開始」之類的關鍵詞。

實際上，讓人有預感 Apple Card 將在日本發行的事實也已獲得證實。

蘋果公司在二〇一九年七月向日本專利廳提出「Apple Card」和「Apple Cash」這兩項商標註冊申請案。而且在美國與蘋果共同發行 Apple Card 的高盛集團，已於二〇二一年七月在日本取得銀行執照，從金融廳的官網也可證實這項消息。高盛從以前就以「高盛證券」的名義在日本經營證券業，但是證券業採註冊制，要想進入銀行業還是必須要有銀行執照。

高盛集團的日本公司於二〇一九年五月開始向日本金融廳申請銀行執照，大約耗時兩年才取得金融廳的核可。爲了取得銀行執照，所以允許「美國高盛銀行」設立日本分行，可以正式從事銀行業務。從這些事實來看，有人猜測該公司是否將在日本推出零售銀行業務（Marcus），也爲在日本發行 Apple Card 提供支援。

不過，根據各家報導，該公司取得銀行執照的目的是為了推出前述交易銀行業務，暫時沒有從事零售銀行或信用卡業務的計畫。試想一下，該公司於二〇一九年七月向日本金融廳提出商標註冊申請案，當時正是 Apple Card 在美國發行（二〇一九年八月）的前夕。雖然有可能是考量到未來在日本的發展，但是也有可能只是為了確保商標而已。

此外，使用 Apple Card 產生的現金回饋將存入 Apple Cash 中，Apple Cash 在美國是由綠點銀行提供服務，因此用戶需在該銀行設立專用帳戶。日本的情況也和美國相同，首先需要透過與銀行合作建立起 Apple Cash 的架構吧。

此外，美國和日本採行不同的信用卡商業模式，也使其難以在日本拓展市場。在日本，信用卡的主要收入來源是來自加盟商家的交易手續費和消費者繳交的年費；而在美國，信用卡的主要收入來源則是分期定額還款（revolving payment）中所包含的手續費。由於這個原因，可能無法像美國那樣靈活操作，例如提高在特定商店購物的現金回饋率。

除了商業習慣的因素之外，還有法律制度的差異，要將美國的 Apple Card 的商業架構原封不動地引進日本的難度非常高。Apple Card 不僅未能在日本發行，而且也未能擴展到美國以外的任何國家，大概就是因為這樣的原因吧。想將 Apple Card 送到日本用戶手中，可能還需要一些時間。

雖然亞馬遜不會成爲銀行，但是會涉足金融業務

近幾年來，亞馬遜將透過設立「亞馬遜銀行」涉足銀行業的傳聞不絕於耳。舉例來說，美國《華爾街日報》於二〇一八年三月五日刊載一篇標題為「亞馬遜的下一步：支票帳戶」的報導中提到，亞馬遜正與包括摩根大通在內的多家大型銀行商議開設支票存款帳戶。其理由是亞馬遜藉由提供自家品牌的帳戶，既可減少支付給金融機構的手續費，又能獲得與客戶收入和消費習慣有關的寶貴資料。

亞馬遜從以前就提供多種金融服務，包括「亞馬遜借貸」（Amazon Lending，為在亞馬遜市場平台開店的商家提供融資服務）和「亞馬遜支付」（Amazon Pay，使用在亞馬遜購物網站帳戶中註冊的住址和信用卡資訊，在其他公司網站付款的支付服務），以及「Amazon Cash」（使用智慧型手

機顯示的條碼為亞馬遜禮券儲值）等。此外，先前也曾提過的沒有收銀機的Amazon Go商店，如果也能視為支付服務，那麼Amazon Go無人商店也可說是一種金融服務吧。

在擁有這些金融服務的背景下，亞馬遜透過提供存款帳戶進軍銀行業務並不唐突。然而，亞馬遜雖涉足銀行業務，但似乎並沒有取得銀行執照，而是持續以嵌入式金融的方式提供金融服務。

對於市值接近二百兆日圓的亞馬遜來說，本身已符合取得銀行執照所需的資本及其他條件，擁有成為銀行的潛力。二〇二〇年十二月，美國聯邦存款保險公司為了讓非金融公司能取得銀行執照，也順勢重新檢視對金融機構所要求的資本和流動性等必要條件。

不過，亞馬遜支付副總裁派屈克・高迪爾（Patrick Gauthier）在某次會議上說道：「我們是有能力開發，但並不意味著我們就應該這麼做。」

換言之，只要亞馬遜有意願，取得銀行執照並非難事，只是亞馬遜並沒有這麼做。與其耗費時間、精力和成本取得銀行執照，不如將資源用來發展有「亞馬遜帝國」之稱的亞馬遜生態系統，這才是明智之舉。至於需要銀行執照的業務，就像過去一樣繼續借助合作夥伴的力量即可。

在金融服務領域合作的歷史

如前所述，近來亞馬遜攜手高盛為商家提供最高一百萬美元的信用額度。在此之前，亞馬遜在提供金融服務方面也有過尋求金融機構協助的歷史。接下來，不妨回顧一下亞馬遜在這方面所做的努力。

(1) 亞馬遜商店卡和亞馬遜 Prime 商店卡

亞馬遜和同步銀行（Synchrony Bank）合作推出一張只能在亞馬遜購物時使用的信用卡[7]，僅限持有亞馬遜帳戶的消費者才能申請。Prime 商店卡則是僅

7 除了亞馬遜網站之外，也可在 Amazon Go 無人商店和亞馬遜書店等實體店鋪付款。

限Prime會員才能申請的高級卡，每次購物時皆可享五％的現金回饋。

(2) 亞馬遜Rewards Visa簽名卡和Prime Rewards Visa簽名卡

亞馬遜與摩根大通合作發行一張可在其他商店使用的信用卡。使用亞馬遜Rewards Visa簽名卡消費，除了亞馬遜購物網站之外，在全食超市（Whole Foods Market）購物時也可獲得三％的現金回饋。此外，持卡人在加油站、餐廳、藥妝店消費可享有二％的現金回饋，其他購物也可享有一％的現金回饋。

如果使用亞馬遜Prime Rewards Visa簽名卡，在亞馬遜網站和全食超市購物時的現金回饋率提高到五％，至於其他購物的現金回饋率則維持不變。導入這個作法的目的是吸引非Prime會員加入Prime會員。

(3) 亞馬遜支付碼

亞馬遜支付碼（Amazon PayCode）是當消費者在亞馬遜網站購物時，即使沒有銀行帳戶或信用卡也能用現金支付的服務。主要在中南美（智利、哥倫比亞、牙買加、秘魯等國）、東南亞（馬來西亞、印尼、菲律賓等國）和非洲（肯亞、坦尚尼亞）推行，但從二〇一九年九月開始，美國的消費者也能使用這項服務。

在美國，亞馬遜與擁有約一萬五千個據點的西聯匯款（Western Union）攜手合作提供這項服務。消費者在結帳時選擇「用 PayCode 支付」，然後前往提供西聯匯款的服務據點出示 QR code 和身份證件，即可為購買的商品付款（圖表 3-6）。但消費者必須在四十八小時內付款，超過時間將自動取消訂單。

(4) 亞馬遜借貸

亞馬遜市集為在此開店的中小企業提供融資服務的歷史由來已久。二〇一一年時，以無法申請一般商業貸款的企業為對象，由亞馬遜自行提供融資服務；到了二〇一八年時，宣布與美國銀行合作，融資額度從一千美元到七十五萬美元不等，還款期限最長為一年。由於是邀請制，並非所有希望貸款的經營

圖表 3-6　亞馬遜支付碼的架構

1.在亞馬遜購物，結帳時選擇「用PayCode支付」

2.前往提供西聯匯款的服務據點

3.在櫃檯出示結帳時所取得的QR Code和身分證件，再用現金支付商品款項。

4.完成支付後，訂購的商品就會安排配送

資料出處：野村綜合研究所根據 https://www.amazon.com/b?ie=UTF8&node=19781770011 製作

者都能獲得融資，只有收到亞馬遜邀請的企業才有資格提出申請。

自二〇一一年開始提供服務以來，融資金額持續擴大，但從二〇一六年之後，成長逐漸趨緩。舉例來說，二〇一六年的融資金額達六億六千一百萬美元，而二〇一七年為六億九千二百萬美元。一般認為這是由於亞馬遜對於大規模融資持謹慎態度，並推測他們與美國銀行合作的目的是為了學習信用風險方面的專技知識。

其實亞馬遜自二〇一四年起在日本也開始為商家提供融資服務，卻在二〇一八年時悄然退出。雖然並未公布退出的理由，但是融資審查僅以商家在市集內的銷售額和顧客評價等數據作為評斷資料，而一般認為使用這些資料來做風險評估仍有其極限。

二〇二〇年六月，亞馬遜宣布與高盛攜手合作，將是否接受融資申請的判斷全部委由高盛處理[8]，這或許是因為在日本飽嚐慘痛經驗的緣故吧。話說回來，高盛本來就不擅長小企業的融資業務，不過踏入零售銀行業後，至今已過了四年，應該已累積了一些專技知識。

亞馬遜的目的是擴大生態系統

亞馬遜積極投入金融服務的目的是「擴大生態系統」。換句話說，目的在於增加生態系統內的參與者，也就是提供商品的商家和消費者。因此，亞馬遜必須建立完善的環境和機制，讓提供商品的小企業和消費者能在亞馬遜網站內

8 https://www.cnbc.com/2020/06/10/amazon-and-goldman-sachs-unveils-small-business-credit-lines-up-to-1-million.html。

毫無壓力地做生意和購物。具體來說有以下兩項：

1. 在增加電商市集商家數量的同時，為商家提供支援，以提升商家銷售額。
2. 增加在亞馬遜購物的消費者，同時提高每位消費者的購買金額。

不妨再次檢視亞馬遜提供的金融服務。例如先前曾提過的 Amazon Cash，其實就跟 Amazon PayCode 一樣，是讓尚未持有、或是無法持有銀行帳戶或信用卡的消費者可在亞馬遜網站購物的服務。消費者可在合作的便利商店和藥妝店等店鋪收銀機，出示 Amazon Cash 的條碼，支付現金後就會增加到亞馬遜禮品卡的餘額中。

跟 Amazon Cash 類似的服務還有「亞馬遜儲值」（Amazon Charge）。雖然這也是能為亞馬遜禮品卡儲值的服務，但不用出示條碼，而是使用設置在便利商店的多媒體事務機等裝置就能支付儲值金額。用現金儲值超過五千日圓即可獲得亞馬遜點數，Prime 會員儲值五千日圓可享有一%的現金回饋，超過九萬日圓可享有二・五%的現金回饋。

亞馬遜藉此成功吸引因為沒有信用卡或銀行帳戶而放棄在亞馬遜購物的消

費者。原本應該去實體店鋪用現金購物的消費者，現在轉向亞馬遜購物，有助於擴大生態系統，而且還不止如此。使用亞馬遜儲值最高可獲得二・五%的點數，遠高於銀行的存款利率，也就是還能當成存款帳戶存入自己的資金。這種情況對銀行也構成威脅。

提供Prime商店卡和Prime Rewards Visa簽名卡的理由則是藉由提高現金回饋率，增加Prime會員人數。根據摩根史坦利的調查顯示：「美國Prime會員的平均購買金額為兩千四百八十六美元，大約是非會員的五倍。」一般來說，在需要收取會費的會員制中，消費者的心態是要把繳交的會費賺回本。Prime會員也是一樣的心態，為了讓支付一百一十九美元年費的行為正當化，會員就會增加在亞馬遜購物的機會吧。就結果而言，亞馬遜達到了讓會員增加購買金額的目的。

成為Prime會員後，還能享有多種優惠，像是當日或隔日免費配送、免費觀看Prime Video等數位內容。消費者一旦成為Prime會員，便一腳踏進「亞馬遜帝國」且深陷其中無法自拔。

亞馬遜借貸協助電商市集的開店商家順利籌措資金。因為融資的邀請只會發給符合融資審查基準的商家，所以在收到邀請的當下，幾乎可以認定已經通過審查。因此可以快速籌措資金，從申請到放款最短僅約五天。像是配合特價活動等時機，商家想要比平常採購更多商品大量銷售時，就非常適合運用這項暫時借貸的融資方案。

如果向銀行申請貸款，不僅事前需要準備大量的文書資料，還要親自去銀行面談。一般來說，從審查到放款至少需要三週左右的時間。然而這麼長的作業時間，無法滿足商家希望立即籌措資金的需求。還款手續也很簡便，由於是從結算商家銷售額的亞馬遜帳戶中自動扣款，所以商家不會忘記還款。

亞馬遜借貸透過這種方式為商家提供財務資金的支援，讓他們在特價活動等可望衝高銷售額的時機點上，能夠採購更多商品提高銷售額。對於商家而言，從商品銷售到庫存採購所需的資金調度，都能在亞馬遜的生態系統內完成，節省向銀行申請貸款等一連串麻煩的手續。可以說亞馬遜和商家皆受惠於嵌入式金融。

只不過，也有需要注意的事項。如果是向銀行融資，商家可在一定程度內自由運用資金，但若是向亞馬遜借貸融資，則限定用於「進一步擴大亞馬遜電商市集內的業務規模」。

亞馬遜的策略已經收到成效。在二〇二〇年七月的國會證詞中，亞馬遜創始人兼時任CEO的傑夫・貝佐斯（Jeff Bezos）表示：「全球已有一百七十萬家中小企業在亞馬遜網路商店銷售商品，而其中有超過二十萬家在二〇一九年創下銷售額超過十萬美元的紀錄，突破百萬美元的企業也有一萬五千家。」

亞馬遜的下一步行動是先買後付

先買後付是亞馬遜為實現其擴大生態系統的目標所採取的下一步行動。正如先前在談Apple Pay時所述，先買後付是不使用信用卡也可延後付款的支付方法，大家對先買後付的關注度也急速升溫。二〇二一年八月，亞馬遜表示會與Affirm合作，為部分美國顧客提供先買後付服務，並計畫在幾個月內將服務對象擴大至一般顧客。

其實亞馬遜初次提供先買後付服務的國家並不是美國。自二〇一九年十一月起在澳洲，二〇二〇年四月起在印度，分別與當地的先買後付供應商合作，提供延後付款服務作為支付選項之一。在澳洲，亞馬遜攜手ZIP公司為消費者提供兩種選項，一項是購買一千五百美元以內的商品時，全程不收取利息的「Zip Pay」以及購買在三千美元以內的商品時，可享六個月內無息分期付款的「Zip Money」。

在印度，亞馬遜與Capital Float、IDFC第一銀行（IDFC FIRST Bank）兩家金融機構合作，提供一項名為「Amazon Pay Later」的服務。據稱目前已有超過二百萬人註冊使用這項服務，並且已完成超過一千萬筆交易。最多可購買六萬盧比（相當約九萬日圓）的商品，若於下個月還款則不收取利息，如果選擇三個月、六個月、九個月或十二個月內的分期付款，則需收取利息[9]。

其實日本亞馬遜也與 Paidy 攜手合作，自二〇二一年六月開始提供「三次延後付款」的服務，購物超過二日圓的商品即可利用分期付款且不收手續費。亞馬遜和 Paidy 從以前就推出「隔月付款」服務，消費者只需提供電子信箱和手機號碼就能申請，而這次推出的「三次延後付款」服務，需要提出駕照和「個人編號卡」（My Number Card）等身分證件。

透過增加延後付款的選項，有望提高購買金額，尤其是以二十歲到三十九歲這個相對年輕的消費族群。為了進一步擴大生態系統，亞馬遜絕不會放慢腳步。

9 https://www.goodreturns.in/personal-finance/planning/buy-now-pay-later-how-to-registerfor-amazon-pay-later-or-amazon-pay-emi/articlecontent-pf18246-1208387.html。

專欄

美國推動立法「禁止無現金商店」

目前日本的無現金支付比率還停留在大約三十%，而日本政府的目標是在二〇二五年的大阪世界博覽會之前，將該比率提高到四十%。另一方面，美國的無現金支付是以信用卡爲主，像是亞馬遜推出的無收銀機商店「Amazon Go」等先進的作法也引起世人關注。

然而，在美國部分城市當中，像 Amazon Go 這種不收取現金的商店卻遭受批評，二〇一九年二月，賓州費城立法規範無現金型的商店。由於政府將無法持有信用卡和銀行帳戶的低收入者，不能在無現金商店消費一事視爲問題，因此要求企業照顧到這些族群，「不要把希望使用現金支付的人排除在外」。

繼費城之後，紐澤西州和舊金山也相繼通過相同的法案，除此之外，二〇二〇年紐約和華盛頓特區等大型城市也立法禁止無現金商店。在上述爭議高漲的情況下，二〇一九年五月亞馬遜在紐約開設第一家可接受現金支付的 Amazon Go。這是 Amazon Go 的首度嘗試。

該公司之所以透過 Amazon Cash 和 Amazon PayCode 的方式，讓消費者也能用現金購物，或多或少可說是受到這些法律的影響吧。

第四章

日本國內企業開始採取行動

到目前為止，主要介紹海外的嵌入式金融相關動向，而本章主要內容將解說日本企業的動向。從嵌入式金融的宗旨來看，有機會與大量客戶接觸的非金融公司更有優勢，於是與消費者的日常生活密切相關的零售、電信和網路企業就嶄露頭角。

提出「場景金融」構想的Z控股公司

在日本企業當中，網路公司從很早以前就開始積極投入嵌入式金融。特別是旗下擁有日本雅虎的Z控股和LINE在經營整合之後設立的新生Z控股，計畫將金融業務打造成繼廣告等「媒體事業」和電子商務等的「商務事業」之後的第三大營收支柱。

該公司的優勢在於透過經營整合進一步鞏固日本國內屈指可數的使用者基礎，在二〇二一年三月一日召開的「與LINE股份有限公司經營整合之相關策略方針說明會」的資料內容指出：

- LINE在日本國內每月使用人數：約八千六百萬人
- 雅虎在日本國內每月使用人數：約六千七百萬人
- PayPay的累計註冊用戶數：約三千六百萬人（截至二〇二一年二月底）

實際上應該很少有消費者不使用這三種服務中的其中之一吧，尤其是作為日常通訊工具的LINE已經完全滲透人們的生活之中，這是不論男女老少，絕大多數的消費者都會使用的通訊軟體。

為了充分活用這項能與顧客接觸的絕佳工具，Z控股公司提出的構想就是「場景金融」。這是將發生在消費者生活場景中的各種行為作為觸發點，試圖透過交叉銷售的方式提出金融商品，儘管不使用「Embedded Finance」或「嵌入式金融」等詞彙，但其意圖可說是幾乎相同。

在剛才所說的「經營整合之相關策略方針說明會」中提到具體的使用場景，包括像是透過住宿預約網站「Yahoo! Travel」預約時，提供取消專用保險[10]；

10 根據取消原因，對於取消預約時所產生的取消費用給予補償的保險。

想要在網路購物中心「PayPay商城」購買高價商品時，提供個人小額貸款的「LINE口袋貨幣」；使用PayPay應用程式支付後的回饋點數，可當成資金運用的「PayPay點數運用」等。

優先實施的嵌入式保險

日本雅虎在經營整合之前就已經開始提供落實這些場景金融的具體服務。舉例來說，二〇二〇年一月推出的「Yahoo拍賣！維修保險」，這項保險商品是由三井住友海上火災保險承保，為消費者在「Yahoo拍賣！」得標的家電商品或智慧型手機提供維修服務，保費金額從三百日圓起跳。在購買商品的相同頁面上就能投保，保險費可和商品款項一起扣款，透過這些方式提高使用便利性。據悉在符合承保條件的商品中，申請投保的比例約有一成左右等表現，顯示其業務進展順利。

此外，自二〇二〇年十二月起，不只是雅虎拍賣得標的商品，對於在

「PayPay商城」、「雅虎購物」（Yahoo! Shopping）購買的家電商品，如商品發生故障的情況，提供保險年限較長的維修理賠服務「安心維修保險」。在購物車內放入要購買的商品，在支付頁面上可同時辦理投保手續（圖表4-1），這樣的操作方式可說是實現了嵌入式保險吧。

如果提供這項保險卻放在與購物不同的網站，又會是怎樣的情況呢？「您在雅虎購物上購買的家電商品，三井住友海上火災保險為您提供實惠的維修保險，詳情請洽三井住友海上火災保險的官網」，頂多只能用這種方式引導消費者吧，恐怕大部分的消費者根本不會前往三井住友保險的頁面就離開了。

Z控股表明今後計畫與集團旗下一百多項服務合作，攜手打造場景金融。該公司提供許多扎根於日常生活的服務，集團內擁有多家金融相關企業，例如PayPay銀行（原日本網路銀行）、PayPay證券（原One Tap Buy）、PayPay保險服務（原雅虎保險）等，在實施嵌入式金融方面，可說是處於非常有利的地位。

但是，該公司並未設想一定要在自家集團內完成。從使用「多元合作夥伴

圖表 4-1　雅虎購物「安心維修保險」的投保流程

放入商品，在購物車畫面選擇保險方案 → 確認保險的詳細內容和重要事項說明，前往訂購手續 → 輸入出生年月日，前往商品購買頁面

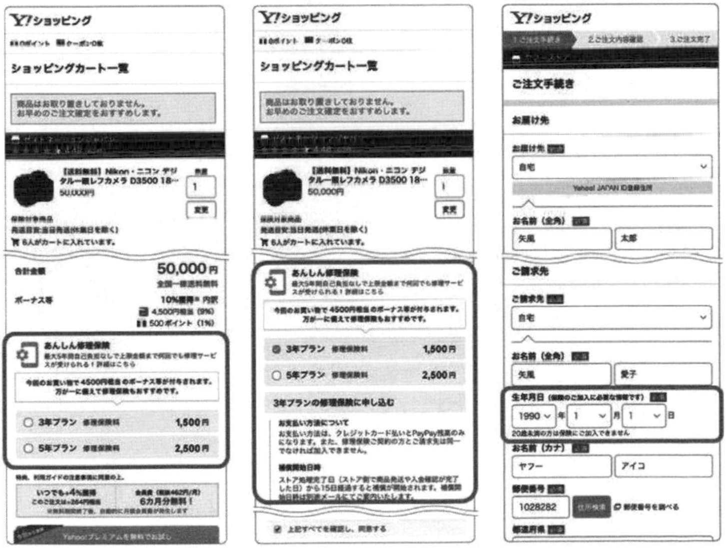

資料出處：雅虎日本的新聞稿 https://about.yahoo.co.jp/pr/release/2020/12/10a/

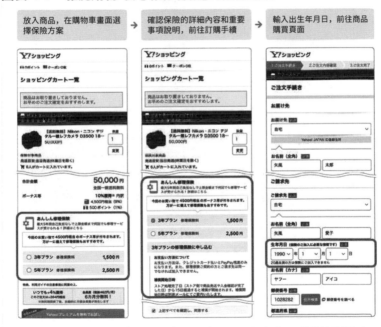

圖表 4-2　Z 控股心目中的「場景金融」示意圖

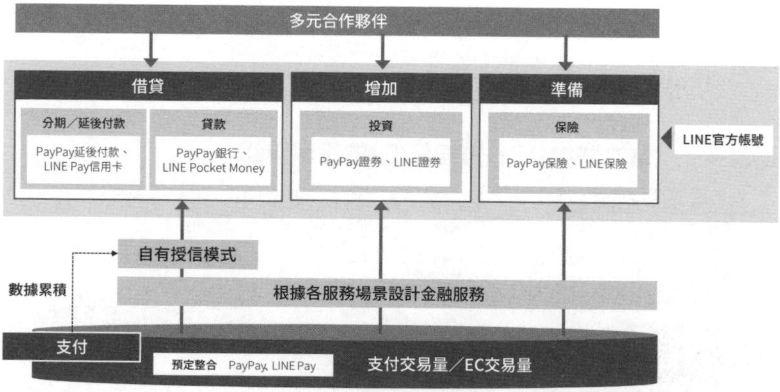

資料出處：https://www.zholdings.co.jp/ja/ir/20210301bisb/main/02/teaserItems1/01/linkList/0/link/jp2021business_integration.pdfCopyright

戰略」一詞，即暗示將攜手集團外的金融機構提供金融服務（圖表 4-2）。而其背景是該公司本來就有跟其他公司合作所提供的服務。

例如，在二〇〇〇成立的日本網路銀行（Japan Net Bank），該銀行是在櫻花銀行（現在的三井住友銀行）與富士通主導下成立的日本第一家純網銀。隨後雅虎（現在的Z控股）在二〇〇六年入股該銀行，二〇一四年成為三井住友銀行和雅虎的權益法關係企業，二〇一八年又成為雅虎的合併子公司。由這段過程來看，Z控股集團無法只靠自己推動場景金融的構想，而忽視三井住友銀行的存在吧。當然對消費者來說，這種多元合作夥伴策略就意味著擁有更多的金融服務可以選擇，絕對不是壞事。

專欄

從「Docomo One Time保險」所見嵌入式保險的根源

嵌入式保險的關鍵在於根據用戶所處的環境（狀況），在最佳時機提供合適的保險產品。不過，這並不是新的概念，在翻蓋手機的時代也曾有同樣的概念，而且方便好用的保險。這項保險就是NTT DOCOMO與東京海上日動火災保險合作，從二〇一〇年四月開始提供的「Docomo One Time保險」。

基於「在需要的時候」、「給予必要的理賠」和「只在需要的期間內」的概念，以一天爲單位，爲保戶提供運動休閒保險、高爾夫保險以及日本國內旅遊保險、海外旅遊保險。消費者可透過手機申請投保，只需在 i-mode 的專用網站上輸入「網路個人識別碼」和出生日期即可完成手續，無需前往店面或填寫申請表格。費用的支付則與每月的手機帳單合併，因此也不需要輸入信用卡資訊或其他資料。此外，還具備使用 GPS 以郵件向在高爾夫球場、滑雪場、機場等地的顧客介紹、推薦保險產品的功能，可說是眞正率先落實嵌入式保險概念的服務。

實際上，這項一次性的保險至今仍持續提供服務。雖然使用 i-mode 的申請管道已在二〇一九年十一月結束，但現在可使用智慧型手機申請。儘管這是十幾年前開發的保險產品，但有如此穩定的需求，就證明了商品的開發概念並沒有錯吧。

促進「循環型金融」的 Mercari

跳蚤市場應用程式營運商Mercari，正以其源自二手流通市場的獨特世界觀為武器，進軍嵌入式金融。自二〇一三年推出跳蚤市場應用程式以來，截至二〇二一年六月為止，每月活躍用戶數（Monthly active user）已達到一千九百五十四萬人的Mercari，配合本業成長積極增加金融服務，並以促進「循環型金融」為目標。接下來，讓我們逐項檢視吧。

(1) 支付服務「Merpay」

這是一項使用Mercari應用程式的支付服務，從二〇一九年二月起開始提供。與其他支付服務不同，如果是Mercari用戶，無需安裝新的應用程式即可使用。支援非接觸支付和QR code支付，可在支援iD支付或Merpay掃碼支付的商店以及部分網路商店使用。

Merpay的特點是不僅可透過銀行帳戶等方式儲值，還可使用Mercari交易的銷售收入和Mercari點數在Merpay合作商店購物。在推出Merpay之前，銷售收入和Mercari點數只有「在Mercari購買商品」和「領取現金在商店購物」

兩種用途。而且將銷售收入兌換成現金，用於 Mercari 以外的購物時，如果銷售總額低於一萬日圓，將收取二百一十日圓的手續費。然而，在 Merpay 推出之後，使用者可將銷售收入用於日常購物，不必特意為了取款支付手續費。

由於在 Mercari 應用程式中嵌入 Merpay，而且 Mercari 的銷售收入也會存入這裡，如果是 Mercari 的重度使用者會希望使用 Merpay，而不是其他的支付方式。藉由為金錢提供「入口」和「出口」，在「Mercari 經濟圈」內循環流通，可謂是非常高明的設計。

(2) 延後付款服務「Merpay Smart 支付」

隨後接續又在二〇一九年四月增加延後付款服務的功能。最初只是將當月的消費金額在下個月一起結算的「一次付清」，但是自二〇二〇年七月起，也提供「定額支付」服務，即貨款可按月分期付款的支付方式[11]，這就是所謂的

11 但是，想要使用「定額支付」需進行審核，因此不是任何人都能使用這項服務。

先買後付服務。不僅可在Mercari購買商品時使用，也可在全國的Merpay合作商店和支援Merpay的網路商店使用，金額上限為三十萬日圓。

Merpay Smart支付的特點在於其授信機制。信用額度不是根據一般金融系統中使用的個人相關資訊，而是取決於用戶在Mercari的使用實績等資訊，因此即使是以往無法通過信用卡審核的年輕族群也可能通過審核。

透過導入延後付款服務，有望鼓勵那些因手頭現金不足而猶豫不決的消費者出手購買，還能增加購買金額。自二〇二〇年十一月起，開始對定額支付收取實質年利率十五%的手續費，應該能進一步提高收益吧。另一方面，雖然這項服務對消費者來說很方便，但如果拖欠手續費和定額支付的還款，將會產生實質年利率十四・六%的滯納金，與標準的信用卡額度幾乎相同。由於會在信用資訊機關管理的信用資訊中留下逾期還款的紀錄，這一點必須留意。

(3) 虛擬卡

Mercari在二〇二一年三月也開始提供虛擬卡，可在接受萬事達卡的網路商店使用這張虛擬卡結帳。由於這是一張虛擬卡，所以不會發行塑膠材質的實體卡片，並從 Mercari 應用程式立即發出卡號。優點是當發生緊急情況時，在應用程式上即可輕鬆停用該卡。沒有入會費和年費，而且可以在 Merpay Smart 支付的消費限額內使用。

以前在電子商務上也能使用 Merpay，但是支援的網路商店並不多。隨著這張虛擬卡的發行，可使用萬事達卡品牌信用卡的電子商務網站上都能使用 Merpay，預計將增加使用頻率和消費金額[12]。此外，必須設定 Merpay Smart 支付才能使用虛擬卡，因此也有擴大 Smart 支付使用範圍的意圖。

(4) 資產管理服務「增值錢包」

這是一項可利用 Merpay 餘額進行資產管理的服務。二〇二〇年十一月三十日，Mercari 宣布與經營借貸基金網路市場的 Funds 合作，推出個人可

12 但是，無法在實體店鋪使用。

圖表 4-3 Mercari 永續基金的架構

個人投資者透過 Funds 的子公司提供貸款給 Mercari，並按預定計畫運用資金，到期後將本金和利息分配給投資者

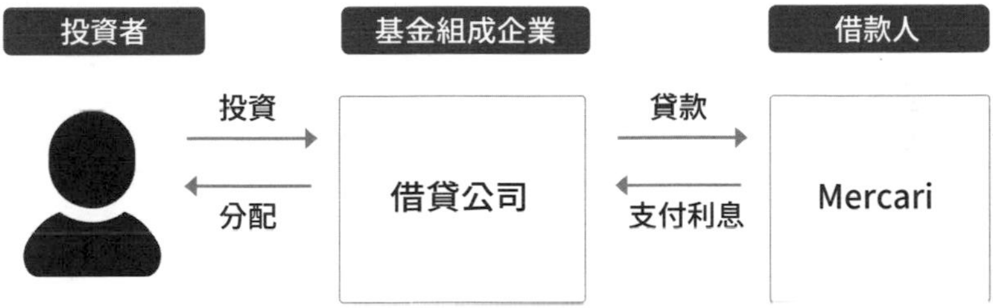

資料出處：野村綜合研究所根據 https://funds.jp/fund/detail/mercari02 製圖

間接貸款給Mercari，妥善運用資產的基金「Mercari永續基金#1」（由Funds執行基金的銷售招攬）（圖表4-3）。該基金的預定收益率為年利率二%，投資期間約十個月，投資該基金的資金將借貸給Mercari，作為Merpay事業的事業資金。此外，還推出根據投資金額，最多可獲得價值相當於九千日圓的點數回饋活動。該基金的募集金額為一億日圓，從受理申請開始僅四十一秒就銷售一空，由此可見其受歡迎的程度。至於二〇二一年一月二十五日推出的「Mercari永續基金#2」，儘管募集金額增加到兩億日圓，據悉這次在公布後僅二十九秒就達到募集金額。

⑸ 小額融資服務「Merpay Smart Money」

自二〇二一年八月起，開始提供以二十萬元為上限的小額融資服務「Merpay Smart Money」，這項服務有兩個特點。

第一點，有別於以往一般信用卡貸款是根據年收入、是否持有自有房產、工作單位和服務年資等個人資訊的授信方式，利率和貸款額度是取決於 Mercari 和 Merpay 的消費和銷售紀錄。利率為三%到十五%不等，如果按時償還延後付款等費用，或從 Mercari 的銷售業績預測未來的銷售趨勢看漲，就能享有優惠利率。

第二點，從申請到使用、還款皆可在 Mercari 應用程式內完成。申請前，應用程式會以容易理解的方式顯示適用利率和還款計畫，貸款期間也會顯示包含利息在內的還款總額。每個月的還款日期、還款金額等還款計畫也可在應用程式上隨時更改，根據使用情況和當時的還款能力靈活選擇還款方式。還款方式除了從銀行帳戶自動扣款外，也能用 Mercari 的銷售收入和點數抵扣。

由於可在應用程式內提出申請，對於平日就經常使用 Mercari 的消費者來說，這將成為考慮申請小額貸款時的首選吧。特別是那些靠打工等維持生計，無法通過傳統金融機構授信審核的消費者，只要是Mercari的重度使用者，而且沒有不良紀錄的話，就有可能通過貸款審核。

將金融服務嵌入與消費者平時使用服務的相同動線中，這可說是按照嵌入式金融的理論所實現的服務。

Mercari的循環型金融目標

Mercari提出「循環型金融」這個關鍵字作為今後的目標。到目前為止，該公司將跳蚤市場應用程式「Mercari」和支付服務「Merpay」視為一項服務，藉此提高物品和金錢的流動性。

消費者在Mercari出售自己不需要的物品，獲得銷售收入和Mercari點數，又在Merpay合作商店購買新的物品，等到不需要時再次出售並獲得銷售收入，形成物品和金錢的循環。在「增值錢包」中，也可使用Merpay餘額進行資產運用，正如字面的意思，在期待增值的同時也促進金錢的循環。

不只是物品和金錢，用戶透過「Merpay Smart支付」的使用實績獲得的「信用」也在循環。Merpay Smart Money 的利率和融資額度會根據信用狀況而改變，而信用也會根據還款情況持續變化。因為也能使用 Mercari 的銷售收入還款，所以這裡也可使用到正在循環流動的金錢。

就像這樣，合理運用在 Mercari 經濟圈中循環的物品、金錢和信用，同時消費者得到自己想要的物品，進行自我啟發或自我投資，進而實現自己喜歡的事、想做的事，這就是 Mercari 希望實現的循環型金融目標（圖表 4-4）。

沒有實體店鋪的網路銀行成爲嵌入式金融的主角

Z 控股和 Mercari 是日本國內擁有龐大顧客基礎的非金融公司，到目前為止，已說明了這兩家企業在嵌入式金融方面所做的努力。Z 控股在該集團內已擁有眾多金融服務公司，透過將這些企業緊密結合在一起，進而實現嵌入式

圖表 4-4 Mercari「循環型金融」目標的示意圖

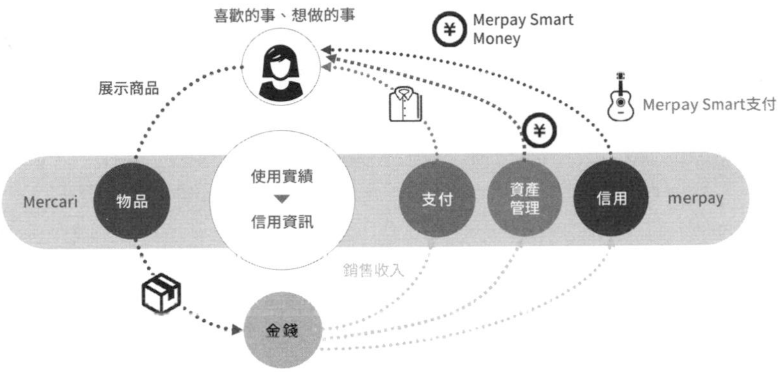

資料出處：野村綜合研究所根據 Mercari「截至二〇二一年六月底財務簡報說明會資料」並修改部分資料製作

金融。另一方面，Mercari 在二〇一七年成立從事金融服務的子公司 Merpay，陸續取得匯兌業、預付式支付載具發行業、信用卡號碼等辦理合約業務、綜合分期付款斡旋業、融資業等許可證或執照，以極具戰略性的方式發展金融服務。由於Z控股和 Mercari 都是集團旗下就有持有執照的企業，所以不用跟外部銀行等金融機構合作，即可快速啟動嵌入式金融業務。

這兩家企業一直以來致力於招聘工程師，也有助於快速啟動金融服務吧。Mercari 不僅積極聘用外籍工程師，創辦人兼社長山田進太郎還投入三十億日圓的個人財產，成立了以D&I（Diversity & Inclusion，多元共融）為主題的基金會，以要往理工領域發展的女國中生為對象，推出獎學金計畫，而此事也成為熱門話題。在第一年，即二〇二二年度，以報考日本國內高中數理科、高等專門學校（類似台灣的五專）和超級科學高中，已預定入學的一百名（最多）女性為對象，國立或公立學校提供一年二十五萬日圓，私立學校則提供五十萬日圓的獎學金。可以看出其目的似乎是以中長期為目標增加女性工程師的人數。

不過，這兩家公司在日本的非金融公司中屬於少數吧。如果沒有強大的工程師組織和強有力的金融子公司，非金融公司若想要踏入嵌入式金融的領域，捷徑就是利用部分銀行和金融科技公司已經開始提供的BaaS服務。

目前日本國內積極提供BaaS的是純網銀。原本就沒必要在車站前等黃金地段設立分行機構的網路銀行，在迎接數位時代來臨的同時，也不必為了分行的整併或關閉而煩惱，可以輕鬆調整。此外，網路銀行和即使在數位時代也想與顧客保持接觸、維持存在感的大型銀行不同，可以看出他們毫不猶豫地貫徹隱身幕後的立場。

住信 SBI 網路銀行大力推動的 NEOBANK

住信 SBI 網路銀行在網路銀行中占有一席之地。在日本國內的銀行中，住信 SBI 網路銀行早在二〇一六年三月就開放 API，並推動與金融科技公司的合作。透過提供名為「NEOBANK」的 BaaS，朝向實現與非金融公司融為一體的嵌入式金融邁進。

NEOBANK 讓合作企業能從該銀行擁有的銀行功能中選取必要的功能使用，並且宣布已與日本航空（JAL）、文化便利俱樂部（Culture Convenience Club，CCC）、山田控股等企業攜手合作。

(1) 與日本航空的合作

二〇一八年十一月，住信 SBI 網路銀行與日航集團共同成立「JAL Payment Port 股份有限公司」，並以日航哩程儲蓄專案（JAL MILEAGE BANK）的會員為對象，推出具備哩程功能的萬事達卡旅遊預付卡「日航全球錢包」（JAL Global WALLET）。這張預付卡可提供兼具支付和兌換幣別功能的服務。

此外，自二〇二〇年四月起，也開始提供網路銀行帳戶「JAL NEOBANK」。這項服務的對象也是日航哩程儲蓄專案的會員，可在應用程式中完成日圓存款、外幣存款等存款功能，以及轉帳、代繳等支付功能，還可以根據交易累計哩程數。自二〇二一年七月起也開始提供房屋貸款，特點是可依照貸款金額累計哩程數。

(2) 與文化便利俱樂部的合作

二〇二一年三月，開始提供文化便利俱樂部（CCC）旗下的T-MONEY和T會員專用的銀行服務「T NEOBANK」。其特點是不只具備存款、支付、融資等銀行功能，還可以在領薪水、購買馬票（中央賽馬、地方賽馬）、賽車券（自行車競速比賽）等交易中累積點數T-POINT。累積的點數可隨時用於償還信用卡貸款、購買體育彩券，或將點數轉入日圓存款帳戶後再次購買馬票或賽車券。因此如果消費者的興趣是賽馬、自行車競速比賽、摩托車競速比賽等公共競技或買體育彩券，也熱衷於累積 T-POINT 的人，或許就值得考慮開立帳戶吧。

由於 T NEOBANK 的定位是住信 SBI 網路銀行的專用分行，如果在 T NEOBANK 開戶的消費者增加，住信 SBI 網路銀行的用戶數量也會隨之增加。換句話說，住信 SBI 網路銀行將能吸收 T 會員，進而達成嵌入式金融的目的：接觸新客群。

⑶ 與山田控股的合作

自二〇二一年七月起，透過山田控股旗下的金融子公司「山田金融服務」，開始為山田控股的「山田數位會員」提供「山田 NEOBANK」服務。除了可在應用程式內完成存款、轉帳、代繳、貸款等銀行交易和服務之外，在開戶時所發行結合簽帳金融卡和現金卡功能的「山田 NEOBANK 簽帳金融卡」、指定山田 NEOBANK 帳戶作為扣款帳戶的「山田 LABI 卡」或在山田電機購物，這些都能累積山田點數。

山田控股提出的策略不僅是主力的家電業務，也涵蓋住宅以及生活各方面在內的「整體生活」，二〇一九年收購大塚傢俱，二〇二〇年將從事木造住宅及改造裝修業務的 Hinokiya 集團收歸旗下。若能藉由銀行服務為昂貴的傢俱或裝修籌措資金，就能幫助那些猶豫是否購買的消費者。

因此，專為山田 NEOBANK 用戶提供的房屋貸款中，也包含傢俱和家電用品。許多消費者以購屋或裝修為契機，考慮更換傢俱或家電用品。如果能在消費者購買慾望最高的時候，提出一次滿足需求的貸款方案，應該也能提高成交的可能性吧。

住信 SBI 網路銀行的合作架構

圖表 4-5 整理出住信 SBI 網路銀行和非金融公司之間的夥伴關係和嵌入式金融的概要，其中包括在二〇二一年八月宣布與不動產公司 OPEN HOUSE

圖表 4-5 住信 SBI 網路銀行和非金融公司合作的嵌入式金融案例

合作企業	服務名稱	概要
日本航空（JAL）	JAL Global WALLET JAL NEOBANK	「JAL 全球錢包」是可在海外使用的多幣別預付卡。「JAL NEOBANK」是以日航哩程儲蓄專案會員爲對象的銀行服務。可開立帳戶、轉帳、外幣存款和房屋貸款等服務，還能視使用情況累積哩程數
T-MONEY（CCC）	T NEOBANK	住信 SBI 網路銀行的專用分行，僅限 T 會員開立帳戶。還可以在領薪水、購買馬票等交易中累積 T-POINT，累積的點數可隨時償還信用卡貸款、購買體育彩券等
山田金融服務（山田控股）	山田 NEOBANK	以山田控股的「山田數位會員」爲對象的銀行服務。開立帳戶後，除了可使用轉帳或外幣存款等服務之外，在山田電器購物時，使用專用簽帳金融卡支付，可享相當於消費金額 5% 的山田點數
御家連結（OPEN HOUSE）	御家銀行	以 OPEN HOUSE 集團的購屋用戶爲對象的銀行服務。如果使用御家連結的「電力」、「瓦斯」和「網路」等服務，可視消費金額提供累積點數服務。「御家銀行」攜了御家連結，提供帳戶代繳、外幣存款等服務

資料出處：野村綜合研究所根據各家公司發表的資料製作

的子公司「御家連結」（Ouchi Link）的合作。

從該銀行的一連串動作可以看出，首先就是和擁有一定客戶基礎的企業成為合作夥伴。金融機構投入嵌入式金融的目的是「透過向非金融公司提供金融功能，接觸更多客層」，由此看來，這也是理所當然的事吧。

其次是協助成為合作夥伴的非金融公司取得「銀行代理業」的「許可」。在日本，為了以嵌入式銀行的架構推展業務，非金融公司必須向內閣總理大臣（由財務局長管轄）申請並取得銀行代理業的許可。金融商品仲介業、壽險保險業務員和產物保險代理店等都只需「註冊」即可，而銀行代理業則須取得「許可」，與其他類似的制度相比，規範更為嚴格，取得許可的標準也很嚴格。

取得許可後，與合作企業簽訂銀行代理商契約，並以 BaaS 模式提供經營銀行代理業務所需的金融服務。與自行取得銀行執照相比，非金融公司既節省了精力、時間和成本，又能提供自家品牌的金融服務，還具備與銀行同樣高水準的安全功能。

經過一連串的努力，JAL Payment Port、T-MONEY、山田金融服務、御家連結等各家非金融公司的金融子公司將住信 SBI 網路銀行作為其隸屬的銀行，並成為其銀行代理業者。

就非金融公司來說，不僅可藉由促進使用自家公司的應用程式，根據金融交易給予的點數來強化顧客忠誠度，還可透過提供房屋貸款等方式來建立並維持與顧客的長期關係。

從住信 SBI 網路銀行的角度來看，每家 NEOBANK 都被定位成該銀行的一家分行，例如「JAL 分行」、「T-POINT 分行」、「山田 NEOBANK 分行」、「御家銀行分行」。也就是說，有可能吸收日航哩程儲蓄專案或 T-POINT 等各家企業經營的哩程數或點數方案的會員，成為住信 SBI 網路銀行的新用戶，因此客戶人數可望大幅成長。舉例來說，日航哩程儲蓄專案會員約為三千萬人，T-POINT 會員約為七千萬人，山田數位會員為六千萬人，也就是擁有這些客群。

由於各家企業是以自已的品牌經營 NEOBANK，末端用戶或許不知道他們正在使用住信 SBI 網路銀行的帳戶或服務（當然，如果仔細閱讀使用條款等內容，就會知道這一點）。不過，該銀行的用戶數量將扎實穩健地增加。徹底隱身幕後的同時也收穫甜美的果實，可以說這就是 BaaS 的威力吧。

透過房屋建商、結婚雜誌提供房貸

住信 SBI 網路銀行不僅透過 NEOBANK 提供存款、轉帳、代繳、貸款等綜合銀行功能，對於已簽訂銀行代理商契約的合作夥伴，還單獨提供房屋貸款。

舉例來說，旭化成住宅（Asahi Kasei Homes）以「HEBEL HAUS」品牌推展住宅事業，二〇一九年二月，住信 SBI 網路銀行與旭化成住宅旗下的子公司旭化成住宅金融公司簽訂銀行代理店契約，開始推出房屋貸款。二〇二一年一月，又與 LIXIL 住宅研究所簽約，為該公司連鎖品牌「EYEFUL HOME」等新建住宅的購買者提供房屋貸款。該公司提出的概念是「提供所有與住宅相關事務的一站式服務」，並設立房貸諮詢窗口，向購屋者一併提供房屋貸款，提供真正實現嵌入式金融的服務。

此外，住信 SBI 網路銀行與經營婚禮相關綜合資訊服務《Zexy》雜誌的 Recruit Zexy Navi 公司攜手合作，準新人可在橫濱和大阪梅田的 Zexy 保險代理商，向理財顧問諮詢後申請房屋貸款。在申請房貸的同時也一併重新審視保險內容，這就是 Zexy 才有的「提供所有與結婚相關事務的一站式服務」。

因為結婚而購買保險或考慮購買住宅的消費者不在少數，Zexy 保險代理店本身就是為了滿足這些需求，在二〇一〇年設立的店鋪。身為招攬保險業務的代理商，目前經手二十三家公司，共九十多種保險商品。為了使一站式服務更加完善，Recruit Zexy Navi 已獲得銀行代理業的許可證，現在也可辦理房屋貸款。如果今後還能註冊為先前提到的金融服務仲介業的話，將更容易推展業務。

願意當「笨水管」的 GMO 青空網路銀行

由青空銀行和 GMO 網路公司共同出資成立的 GMO 青空網路銀行，也是熱衷於提供 BaaS 的網路銀行。二〇一八年七月開始營運的 GMO 青空網路銀行，雖然是最新近問世的網路銀行，不過其經營理念是「立志成為第一名的科技銀行」，員工當中約有四十%是工程師，可謂是一家非常獨特的銀行。該銀行也充分利用這個優勢，將原本委外的系統開發業務由自己完成，還積極開放銀行 API。

在撰寫本書時，該銀行除了免費提供餘額查詢、存取款明細查詢、轉帳狀況查詢和委託轉帳等二十四種「標準API」之外，身分驗證和即時轉帳等高階API，則是有償提供的「API選項」。據悉截至二〇二一年六月底，已有餐飲、不動產和零售業等共計一百三十七家企業與該銀行簽訂API串接契約。

在二〇二一年七月宣布的中長期業務戰略中，該銀行提出三大支柱，分別為「適合小型和新創公司的銀行NO.1」、「嵌入式金融服務的NO.1」和「科技優先的銀行NO.1」。

其中最引人關注的是嵌入式金融服務。這項服務就是以往提供的「API串接服務」，以及將銀行功能拆分、可提供部分功能的「平台銀行服務」更名為「簡單嵌入式金融服務」。不過，該銀行不僅僅是開放銀行API而已，對於想要致力於嵌入式金融的非金融公司，該銀行的工程師和諮詢顧問會掌握公司的需求，並在此基礎上提出銀行功能的最佳組合方案，為那些希望將金融功能快速整合在業務中的公司提供支援。

設立銀行金融功能項目的市集

為了推廣銀行 API，GMO 青空網路銀行從以前就提供名為「sunabar」的實驗場域。sunabar 架構在 AWS 上，即使未簽訂 API 串接契約，只要在該銀行開立帳戶，即可免費試用帳戶查詢、轉帳、代繳、整批轉帳等各種 API 服務。使用對象不限個人或企業，使用該銀行開放的 API，可以為實際可行的新服務製作原型。

此外，自二〇二一年八月起，也推出名為「ichibar」的銀行功能項目的市集。「ichibar」是由「市場」（日文發音為 ichiba）加上交流互動場域，也就是「酒吧」（bar）組合而成的詞彙，「ichibar」架構在 AWS Marketplace 上，工程師根據自己的開發想法製作出應用程式和系統（圖表 4-6）。

該銀行的目標是透過設置 sunabar 和 ichibar，為嵌入式金融提供從創意創生到市場正式測試的完整支援。最終目標是讓參與的工程師能在 sunabar 自由開發，而致力於嵌入式金融的非金融公司能在 ichibar 買到需要的金融功能，

圖表 4-6　GMO 青空網路銀行推出的雙霸「sunabar」和「ichibar」

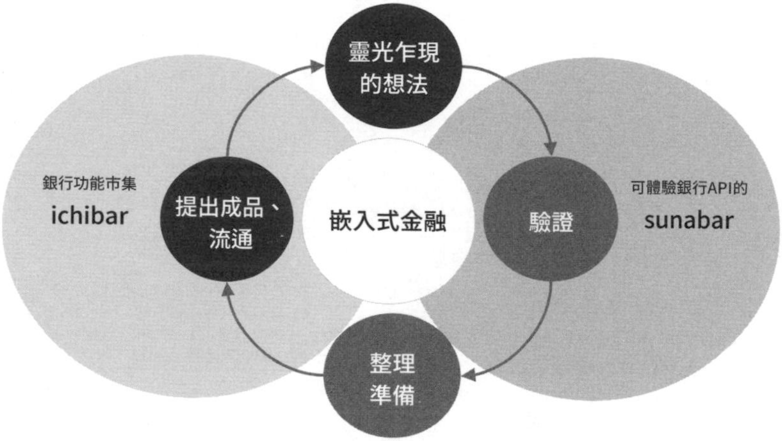

資料出處：GMO 青空網路銀行新聞稿（2021/7/6），野村綜合研究所根據 https://gmo-aozora.com/news/2021/20210706-02.html 製作

嵌入自家公司的服務中並開發出新的服務。

新生銀行的目標是建立合作夥伴也能參與的平台

在銀行提供 BaaS 方面，雖然住信 SBI 網路銀行和 GMO 青空網路銀行的動作引人注目，但新生銀行集團提供的 BaaS，與這兩間銀行的概念略有不同。

自二〇二〇年三月起，新生銀行提供名為「BANKIT」的 BaaS，由集團旗下註冊為匯兌業和預付式支付

圖表 4-7　新生銀行集團提供的新興銀行平台「BANKIT」的示意圖

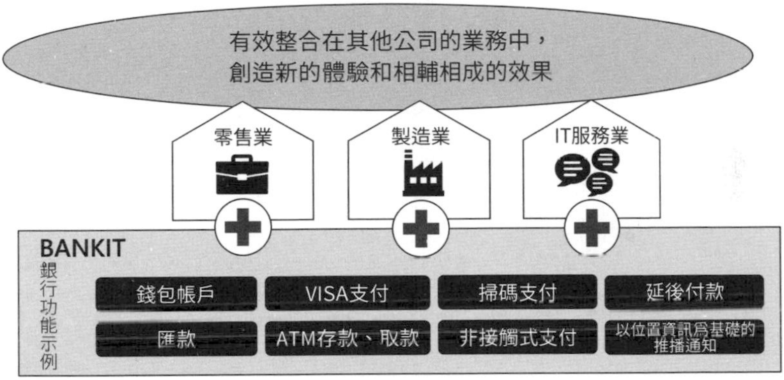

資料出處：野村綜合研究所根據新生銀行的資料製圖

載具發行業的APLUS負責營運。這是將新生銀行集團擁有的金融功能，例如支付、外滙和授信等，以API的形式提供給跨入金融、支付事業的非金融公司。目前已具備如錢包、無卡ATM存取款、匯款、QR code支付和VISA支付等各項功能，零售業、製造業、IT服務等非金融公司可根據自家公司的業務，只挑選自己需要的功能，或將幾項功能組合使用（圖表4-7）。

到目前為止，BANKIT的服務和那些率先推出的服務沒有太大的差別，不過BANKIT服務可舉出以下兩項特點。

(1) 無需開戶

用戶要在住信 SBI 網路銀行和 GMO 青空網路銀行開戶才能使用服務，但是不用開戶也能使用 BANKIT 的服務，因此外國居民和其他難以開立銀行帳戶的人也能使用。

⑵ 合作企業也能新增功能

BANKIT 的另一個重要特點就是，不僅提供自家銀行所擁有的金融功能 API，還能搭載金融科技公司等其他公司的金融功能。這代表 BANKIT 將成為各種參與者皆可加入的平台。目前已經宣布與 Infcurion、IRidge 等金融科技公司攜手合作。

Infcurion 提供支援 QR code 支付的錢包功能「錢包站」（Wallet Station），IRidge 則是提供行銷平台「FANSHIP」，靈活利用位置等資訊透過發送優惠券和推播通知來提高顧客忠誠度。

推動 BaaS 的金融科技公司

鎖定嵌入式金融並將其定為金融服務下一個開拓領域的不僅是現有的銀行，預見嵌入式金融時代的來臨，日本國內的金融科技公司也開始提供 BaaS。

第一個就是成立於二〇一三年的 Finatext 控股公司。該公司的使命是「將金融重新打造為一種『服務』」，以實現「讓金融更貼近生活的世界」為目標，該公司或許可說是以實現嵌入式金融為已任的金融科技公司。

二〇一九年，該公司先透過子公司 Smartplus 為希望提供證券服務的企業推出「外匯經紀商即服務」（BaaS，Brokerage as a Service）業務。這是將證券服務所需的後端基礎設施系統作為服務提供給企業的機制，與自主開發相比，企業能夠以較低的成本和更短的時間推出證券服務。

由於 Smartplus 已取得金融商品交易業者（證券公司）的資格，因此使用 BaaS 的企業只需取得金融商品仲介業的資格即可展開服務（證券服務本身由 Smartplus 提供）。此外，像是客戶可從「我的頁面」開立帳戶以減少輸入欄位、與企業的即有客群緊密合作，以及與企業提供的線上服務進行整合，客戶無需移動到其他應用程式也能購買有價證券。

二〇一九年十一月，Finatext 與世尊信用卡公司（Credit Saison）合作，除了開發出可利用世尊卡（Saison Card）或 UC 卡進行定期定額投資的證券服務「世尊口袋」（Saison Pocket）之外，又於二〇二〇年十一月，與全日空集團旗下負責客戶資產業務的 ANA X 公司合作，開始提供智慧型手機投資服務「財富之翼」（Wealth Wing）。

自二〇二〇年九月起，也開始提供雲端服務「Inspire」（圖表 4-8），這是將包含新一代數位保險在內的各種保險商品嵌入智慧型手機應用程式中，並藉由這類數位服務進行銷售的雲端服務。Inspire 也和 BaaS 一樣，以軟體即服務（SaaS）的模式提供各種必要功能，讓企業能夠在短時間內以低成本提供和管理保險商品。連結既有客群的資訊，盡可能減少簽訂保險合約時須輸入的資料，讓實現「點擊幾下就完成保險簽約」的顧客體驗化為可能。

二〇二一年一月，愛和誼日生同和產物保險宣布活用 Inspire，並與

圖表 4-8　Finatext 的「Inspire」

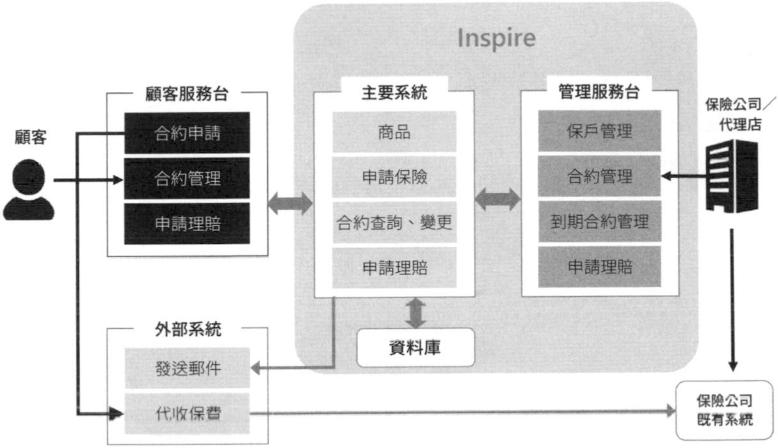

資料出處：https://finatext.com/solution/industry/inspire/

Finatext 共同開發「數位募集平台」（圖表 4-9）。Finatext 認真考慮與擁有眾多客戶的非金融公司合作，提供能與非金融公司的應用程式和網路服務合作所建立的保險商品平台，可說是為嵌入式保險所設想和開發的平台。

只要使用該平台，就能將投保動線整合在非金融公司的應用程式和網路服務的一連串操作中。例如在辦理旅行預約手續的同時招攬旅遊保險，當客戶申請旅遊保險時，系統自動帶入預約時所填寫的姓名和地址等個人資訊，減輕客戶輸入資料的負擔。

圖表 4-9　愛和誼日生同和產物保險的「數位募集平台」示意圖

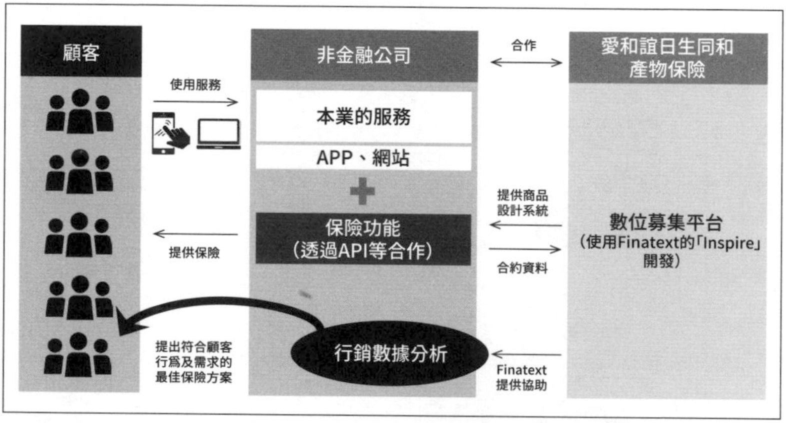

資料出處：作者依據愛和誼日生同和產物保險的新聞稿（https://www.aioinissaydowa.co.jp/corporate/about/news/pdf/2021/news_2021011900801.pdf）製成

也提供保險商品

二〇一九年四月，Finatext和愛和誼日生同和產物保險共同出資成立「Smartplus小額短期保險」公司，經營小額短期保險業務，二〇二一年七月，該公司開始提供「嵌入服務式的取消保險」。這種保險適用於提供旅行、機票等預訂服務的企業，是可將理賠取消費用的「取消保險」嵌入自家公司服務的解決方案。以前述的Inspire為基礎，由Finatext開發保險銷售所需的系統。受到新冠疫情的影響，消費者在面對外出用餐或休閒娛樂時，因考量到取消風險而猶豫不決，企業也因此產生損失。基於這種設想的情況，這兩家公司認為如果企業能同時提供服務和取消保險，就能幫助因擔心取消費用而對預約猶豫不決的消費者。

這種保險不僅適用於旅行和機票，還可用於音樂會門票、主題公園門票、餐廳等各種會產生取消費用的服務。至於取消的事由，除了因疾病或受傷去醫院看診和住院之外，還有住宿療養、自家療養、因被要求避免出門而取消外出等，與新冠肺炎有關的事由也涵蓋在理賠範圍內，這算是該保險的獨特之處。企業在預訂服務的流程中嵌入申請保險的功能，統一受理預約服務費用和保險費用的支付，將保險和服務融合為一體，提供無縫銜接的客戶體驗。

作為啟動服務的第一步，在二〇二一年九月與 Cadish 股份有限公司合作，共同開發「住宿預約取消保險」，該公司為日本全國一千六百多家旅館和飯店業者提供預約系統「預約號」，並宣布在部分旅館和飯店試行。

Infcurion 積極採取行動

成立於二〇〇六年的 Infcurion 也是日本積極參與 BaaS 事業的金融科技公司之一。成立之初的主要業務，是串接信用卡公司等支付業者和加盟商家所需的支付終端、支付應用程式、支付中心等加盟商家的解決方案，但在二〇一六年十二月，子公司 NestEgg 推出自動儲蓄應用程式「finbee」之後，全力發展金融科技事業。

二〇一八年開始提供名為「錢包站（Wallet Station）」的 BaaS。這是金融機構、商業設施和服務業可架構原創錢包，或是在既有應用程式中嵌入客製化功能的平台服務。除了可從錢包應用程式中進行 QR code 支付、與其他錢包用戶之間匯款之外，還可擴充優惠券服務、延後付款、與上述 finbee 合作的自動儲蓄等各種功能。

如前所述，錢包站為新生銀行的 BANKIT 提供功能，除此之外，也被里索納銀行（Resona Bank）的「里索納錢包應用程式」（Resona Wallet

APP）和鹿兒島銀行的行動支付應用程式「Paydon」等金融機構的應用程式所採用。

當前的現況是先以金融機構爲主

從 Finatext 和 Infcurion 的例子可以看出，目前金融科技公司提供的 BaaS，使用者不一定是非金融公司，反而以金融機構居多。就日本而言，除了巨型銀行等大型金融機構之外，其他金融機構的數位化進程緩慢，這些金融機構想要推動數位服務的話，只能與金融科技公司合作。

另一方面，金融科技公司在 B2C 業務陷入苦戰。瓶頸在於知名度偏低，只有極少數公司的服務能被廣大用戶所接受，而且為了獲得客戶，行銷成本也節節攀升。因此最近也出現轉向 B2B，尤其是為既有金融機構提供服務的案例。

舉例來說，保險科技領域的新創公司 JustInCase。身為小額短期保險公司，JustInCase 為個人開發出獨特的保險產品，到目前為止已推出「分攤制癌症保險」和「智慧型手機保險」等保險商品，前者為由投保人分攤保險理賠金的保險制度；後者則是透過智慧型手機內建的感測器，將消費者如何使用手機量化為「安全評分」，分數越高、保費越優惠。不過，自二〇二一年一月起，JustInCase 開始為保險公司提供 SaaS 型的數位保險平台「Master」（現在的 joinsure）。

joinsure 是由「保險系統平台」、「應用程式平台」和「行銷工具平台」這三個平台所構成，協助保險公司以優異的用戶體驗和數位化方式，迅速地開發和銷售保險商品。目前東京海上日動火災保險公司和 JI 傷害火災保險公司已經採用 joinsure。不過這並不代表 JustInCase 不再為消費者提供和開發保險商品，而是提出今後將以技術賦能者的立場，致力以保險公司為服務對象的業務方針。

此外，二〇二一年八月，SBI 控股宣布收購提供主題投資服務和機器人理財的 FOLIO，在二〇二一年一月推出 SaaS 型全權委託投資管理平台「4RAP」（for Robo Advisor Platform，自動化投資顧問平台）。這是為金融機構提供基於全權委託投資合約的資產管理功能，例如自動化投資顧問和包裹基金（包裹帳戶）等，金融機構可在自己的官方網站或應用程式直接操作顧客的帳戶，提供資產管理服務。FOLIO雖然沒有放棄一般消費者的業務，但藉由提供4RAP，似乎已將其業務重心轉向金融機構。

由此可見，日本國內的現況是既有金融機構不具備數位化的專技知識，希望盡可能在不修改主要系統的情況下推動數位化；另一方面，金融科技公司可提供優異使用者經驗的數位服務，但無法在行銷方面負擔高額成本而且集客力較弱，可以感覺到兩者之間似乎形成雙贏的關係[13]。

日本國內第一家數位銀行也加入這個行列

13 就自動化投資顧問來說，需要取得「投資管理業」、「投資建議及代理業」、「第一類金融商品交易業」、「註冊金融機構」等資格或許可證，因此也出現經常與持有上述許可證的銀行、證券公司等資產管理公司合作的情況。

除了先前所介紹的企業之外，其他宣稱提供 BaaS 的企業尚有福岡金融集團旗下，標榜日本第一家數位銀行的「大家的銀行」（Minna Bank）。該銀行以數位原住民世代為主要目標客層，從二〇二一年五月開始為個人提供服務，從開戶到ＡＴＭ存款、取款和匯款等所有服務都能在智慧型手機上完成，堪稱智慧型手機專業銀行。身為日本第一家在銀行核心系統中採用公有雲（谷歌雲）的銀行，也因此蔚為話題。

該銀行提出的服務理念之一，是「為貼近日常生活的各種消費、購買，提供無縫接軌金融功能的服務體驗」，這與嵌入式金融的概念非常相近。除了服務一般消費者的 B2C 業務外，該銀行的業務領域還包括以消費者為對象所開發的「大家的銀行應用程式」的金融功能和服務，以及透過 API 向事業夥伴提供「企業對企業對第三方」（B2B2X）業務並計畫提供 BaaS。

二〇二一年六月，該銀行與經營插圖交流服務會員制網站的 pixiv 公司，以及 Persol Tempstaff 公司就 BaaS 事業的合作達成基本協議，並於同年九月和十月，分別在「大家的銀行」內設立 pixiv 分行和 Tempstaff 分行。pixiv 分行的服務對象是創作者和粉絲，而 Persol Tempstaff 的服務對象則是派遣員工，這兩家分行為自己的客戶提供活期存款和簽帳金融卡等銀行服務，而簽帳金融卡採用的分行設計中也融入合作企業的世界觀。最後，在圖表 4-10 彙整日本國內所提供的主要 BaaS。

電信業者×巨型銀行

電信業者從以前就積極提供金融服務，他們的動向也值得關注。正如媒體經常報導，電信業者與金融機構的合作方興未艾，軟銀（Soft Bank）和瑞穗金融集團在二〇二〇年六月公布「為因應新生活方式的新一代金融業務策略聯盟」。

二〇二一年五月，NTT DOCOMO 和三菱日聯銀行也宣布攜手合作。NTT DOCOMO 接受三菱日聯銀行以提供銀行功能的形式，除了為用戶提供可累積 d點數的數位帳戶服務之外，為了開發新的金融服務，兩家公司還考慮

圖表 4-10　日本國內提供 BaaS 的主要企業

領域	提供主體	服務	概要
銀行	住信 SBI 網路銀行	NEOBANK	在支付、存款、貸款等銀行功能當中，可透過 API 提供合作公司需要的功能。協助合作公司取得銀行代理業的資格。與 JAL、CCC、山田控股等企業合作，並已設立 NEOBANK
	GMO 青空網路銀行	簡單嵌入式金融服務	將銀行功能拆分爲單項並透過 API 以白牌方式提供。非金融公司可發行符合自家公司世界觀的專用信用卡。特點是提供銀行 API 實驗場域等對工程師友善的開發環境
	APLUS（新生銀行集團）	BANKIT	透過 API 提供錢包、無卡 ATM 存取款、匯款、QR code 支付等金融服務。特點是不僅能提供自家公司的金融功能，也能在 BANKIT 搭載金融科技公司等其他公司的金融功能
	里索納控股、NTT DATA、日本 IBM	金融數位平台（暫稱）	透過 API 提供支付、資產運用、數據商業、身份驗證等服務。目標是建立開放式的基礎設施，以里索納集團爲首的金融機構、金融科技公司、一般企業、地方政府等各使用組織可相互連結
	大家的銀行（福岡金融集團）	Minna no BaaS	將爲消費者開發的「大家的銀行 APP」的金融功能和服務，透過 API 提供給商業夥伴。合作企業可以只將自己需要的功能和服務嵌入智慧型手機
	Infcurion	錢包站	以掃碼支付爲主，提供具備個人間匯款、數位禮券、延後付款等功能的 BaaS。已獲里索納銀行的「里索納錢包 APP」和鹿兒島銀行的智慧型手機支付 APP「Paydon」等金融機構採用。也與「BANKIT」合作
證券	Smartplus（Finatext 集團）	BaaS（Brokerage as a Service）	不具備證券功能的非金融公司也能快速跨足證券業務的證券系統平台。將執行買賣有價證券的功能和證券基礎設施，以套裝形式並作爲雲端服務提供給中間及後台系統
保險	Finatext	Inspire	以嵌入式保險爲前提所開發，提供從契約、維護到支付等保險業務所需功能的一站式保險平台。以按量計費的 SaaS 模式提供服務
	愛和誼日生同和產物保險	數位募集平台	爲了在擁有衆多顧客基礎的企業的 APP 或網站上，提供與企業本身服務契合度高的保險商品之平台。以 Finatext 的「Inspire」爲基礎，與 Finatext 共同開發的平台

資料出處：野村綜合研究所根據各家公司公布的資料製表

成立合資企業。

另一家電信業者KDDI早在二〇〇八年就與三菱日聯銀行合資成立Jibun銀行（現在的au Jibun銀行），長期以來對於提供金融服務展現積極態度。二〇一九年四月，成立中間型金融控股公司「au金融控股」，並將支付和資產管理等子公司合併為「au金融集團」，是電信業者當中，最早建立能夠提供綜合金融服務的公司體制。

由於三菱日聯銀行的態度看似將NTT DOCOMO和KDDI放在天平的兩端權衡，因此可能不會與DOCOMO建立新的銀行，頂多是以BaaS模式提供銀行功能。

電信業者和巨型銀行，這種大企業之間的商業聯盟具有很高的話題性，而從互送客源這一點來看，無疑具有重要的意義。例如，DOCOMO擁有八千萬人，三菱日聯銀行擁有三千萬人的龐大客戶群。如果藉由使用金融服務可累積點數的方式，可望從合作中獲得一定數量的客戶（主要是新用戶）。另一方面，能否達到讓保守的日本人變更主要銀行的效果，那就要打個問號了。根據各陣營設定的期待值高低，「成功」的分歧點也會有所不同吧。

尤其是對於非金融公司的電信業者來說，如何定位金融服務尤為重要。換句話說，提供金融服務的目的究竟是「對本業有所貢獻」，還是定位為事業的第二支柱或第三支柱。從本書主題「嵌入式金融」的本意來說，應該是前者，當然就算是後者也無妨，重要的是目的要明確。

嵌入式支付走在前頭的理由

誠如前述，在嵌入式金融的五個領域中，嵌入式支付的發展進度最快，市場規模也很大；反之，嵌入式投資則是敬陪末座，市場規模也相對較小。這種差異從何而來？雖然都稱為金融，但支付和投資的性質迥異，貸款和保險亦然。這種性質上的差異，也關係到嵌入非金融服務時的契合度。

舉例來說，最接近消費者行為動線的是嵌入式支付。由於任何購買行為必定伴隨著付款行為，相較於其他金融服務，消費者使用支付的頻率就高出許多。

現在只是將傳統的現金支付替換成嵌入式支付，因為提高了便利性，所以消費者的接受度也很高。在國外旅行或出差時，因為支付乘車費用很方便，很多人可能不會選擇計程車，而是改以 Uber 或 Lyft 作為交通工具吧。

緊跟著支付之後的就是融資。融資也有各式各樣的服務，不過，光從信用卡的普及程度，以及就算沒有信用卡也可延後付款的「先買後付」功能快速成長來看，可以說消費者對於與購買行為密切相關的融資服務有相當高的需求吧。雖然房屋貸款和汽車貸款的使用機會有限，但一次的使用金額都很大。特別是有保證公司的房屋貸款，壞帳風險較低，在持續超低利率的情況下，也成為利潤豐厚的業務，所以今後攜手金融機構提供房貸服務的非金融公司應該也會增加吧。

嵌入式銀行是未來成長可期的領域。透過網路承攬來自企業或個人的單次工作，就如同 Uber Eats 外送員這類被稱為「零工工作者」的勞工，未來從業人員也將持續增加。因此，以零工工作者等為對象，迅速提供銀行帳戶或發行各種卡片的服務需求將會升高吧。在日本，金融科技公司 Money Forward 和

Nudge 等公司也開始參與這個行列。

至於嵌入式保險，雖然先前也曾提到汽車經銷商介紹合作的產物保險公司提供汽車保險的情況，但是這與「嵌入式」相去甚遠。不過在日本，本田汽車於二〇二一年十月設立「HONDA ON」，成為日本國內汽車製造商中第一家線上銷售新車的網路商店。不僅可在網路上進行業務洽談、報價、審核、簽約，網路商店還能提供消費者自有車輛的收購參考價格和汽車保險的報價。即便承保的保險公司只有損害保險日本、東京海上日動火災保險、三井住友海上火災保險這三家保險公司可供選擇，但依舊是具有劃時代意義的服務。與先行一步的智慧型手機和家電產品的維修保險一樣，如果今後透過網路購買汽車的消費者增加，嵌入式汽車保險市場也有望擴大。

嵌入式投資很難刺激消費者的需求。投資本來就是為了形成將來的資產，而嵌入式金融是「根據消費者所處的環境（情況），在最佳時機提出合適的建議」，因此難以評論說投資與嵌入式金融非常契合。簡而言之，消費者沒有迫切的理由去使用嵌入式投資。通常投資回報的金額也是起伏不定，對於討厭風險的消費者來說，就成為一道很高的門檻。

在「前言」中提到的丸井集團 tsumiki 證券公司，也透過提供「EPOS 點數」的定期定額投資等方式努力降低門檻，但是二〇二〇年度的營業利益僅約一千二百萬日圓（二〇一九年度為三百四十萬日圓），卻出現約達六億九千八百萬日圓（二〇一九年度為四億七千七百萬日圓）的淨損，赤字幅度持續擴大中。即使擁有 EPOS 信用卡這種非常穩定的客戶群，該公司仍舊被迫陷入苦戰，因此日本可能有必要藉由從學生時代就開始進行金融教育等方式，一步一腳印地努力提高國民的金融素養。

現況是非嵌入式的金融

嵌入式金融的基本概念，是有機會經常接觸許多客戶的非金融公司能充分利用其優勢，把握客戶需要金融服務的時機，及時地提供金融服務。換句話說，這個概念就是只要掌握商流，金流自然隨之而來。最典型的例子就是在購買汽車或住宅等高價商品時，汽車經銷商和建商會介紹跟公司有合作關係的貸款服務吧。只不過到目前為止，仍停留在「介紹」階段，購買房屋和申請房貸無法同時進行，消費者必須另外再去銀行商議貸款事宜。

這一連串的過程不僅破壞客戶體驗，對於汽車經銷商和建商等非金融公司，甚至對於金融機構來說都是錯失商機。在嵌入式金融當中，銀行扮演隱身幕後的藏鏡人，將銀行的機制和專技知識以 BaaS 模式提供給非金融公司。非金融公司將自家商品或服務與金融整合為一體，不僅提高客戶的便利性，也為非金融公司和銀行帶來商業利益。

從目前日本國內企業所做的努力來看，儘管已經出現提供 BaaS 的銀行和金融科技公司，一些非金融公司也將金融服務視為新的商業機會，但老實說，我覺得尚未達到嵌入本業、及時提供服務的程度。雖然許多公司提供掃碼支付，但主要目的是為了減少以往付給支付業者的手續費而降低成本，以及藉由每次支付獲得點數來留住客戶，卻很少顯現出提高客戶便利性這個目的。

只要目的是「將金融服務培育成新的收益支柱」，現行的作法沒有任何問題，沒有孰優孰劣之分。然而從嵌入式金融的角度來看，各家企業還需要下一番功夫。

金融機構應該採取何種行動

對於金融機構和金融服務供應商來說，嵌入式金融只要和具備集客力的非金融公司合作，就能以符合成本效益的方式接觸到更多消費者、節省行銷成本、獲取大量的客戶資料、提供更具個人化的商品和服務。

目前與非金融公司的合作有下列幾種模式，至於哪種才是最適合的模式則取決於現有的商業模式、公司規模，以及公司所提供的產品和服務。接下來，簡單扼要地整理一下。

(1) 白牌型

金融機構和金融服務供應商以完全白牌方式（White Label，或稱貼牌）為非金融公司提供金融商品和服務，身為末端用戶的消費者幾乎看不到金融機構名稱的模式。由於看起來像是由接觸消費者的非金融公司提供金融服務，除非消費者仔細確認使用條款，否則有時也不知道金融機構的名稱。

舉例來說，先前曾提到蘋果公司和綠點銀行合作推出Apple Cash，提供個人對個人的匯款服務，但用戶幾乎看不到綠點銀行的名稱。換句話說，就使用者介面和使用者體驗的觀點來看，非金融公司能提供實現自家公司品牌觀的金融服務，幾乎不受金融機構的影響。對於像蘋果這樣重視自家品牌觀的公司來說，這算是得償所願吧。對於重視自家品牌觀的非金融公司來說，「可提供白牌服務」具有吸引力。另一方面，由於消費者看不到金融機構的身影，恐將大幅降低金融機構的存在感。

雖然不適合重視存在感的大型金融機構，但是對於願意「捨名取實」的中小型金融機構和新創公司來說，這卻是不錯的選擇。在日本，GMO青空網路銀行就有意採用這種模式。

(2) 聯名型

同時出現金融機構和非金融公司的名稱，一起發揮各自的優勢並提出價值主張。例如，先前曾提到的 Google Plex，谷歌宣布與花旗集團、西班牙對外銀行、綠點銀行、西雅圖銀行和史丹佛聯邦信用合作社等金融機構合作，提供銀行帳戶服務。

對於谷歌來說，與持有執照或許可證的金融機構攜手合作，可以獲得提供金融服務不可缺少的「信譽」；另一方面，金融機構則可利用谷歌的「數位化」和「方便好用」的品牌形象來提高自家公司的形象。

在日本，7-ELEVEn 在 7-ELEVEn APP（以下稱 7-11 應用程式）中嵌入 PayPay 支付功能就是屬於聯名型。自二〇二一年二月起，7-11 應用程式和 PayPay 應用程式開始合作，可在 7-11 應用程式內顯示 PayPay 的條碼進行支付。PayPay 是擁有資金移動業和銀行代理業務資格的金融服務供應商，為 7-ELEVEn 提供掃碼支付功能。在這個例子中，不僅在 7-11 應用程式中清楚顯示出 PayPay 的標誌，而且在支付時還會發出獨特的「PayPay」提示音。

PayPay並沒有隱身幕後，消費者也能正確識別該公司的品牌。

不過在這種模式下，如果其中一方的勢力過於強大，遲早會失去平衡，屆時可能轉換成白牌型的模式。舉例來說，谷歌和花旗銀行之間或許能取得平衡，但若是對上西雅圖銀行，谷歌的勢力更勝一籌，那麼谷歌的品牌最終可能會壓過對方。就這一點來說，若是先前曾介紹過的NTT DOCOMO和三菱日聯銀行的合作，至少不會發生勢力失衡的情形。

⑶ 完整品牌型

這是秀出金融服務供應商名稱的類型。然而一旦出現的過於頻繁，就會讓人覺得這不是非金融公司的服務，而是金融服務供應商的服務，所以目前僅限用於電子商務網站的支付和延後付款服務。

例如，前面曾說明過的延後付款服務Paidy，已經被亞馬遜和蘋果的日本國內電商網站採用並整合到結帳過程中。儘管已嵌入世界級大型企業所經營的電商網站中，當消費者決定購買商品時，仍可在選擇支付方式的畫面上，清楚

圖表 4-11　蘋果官方網站的結帳畫面示例

您想以何種方式購買？

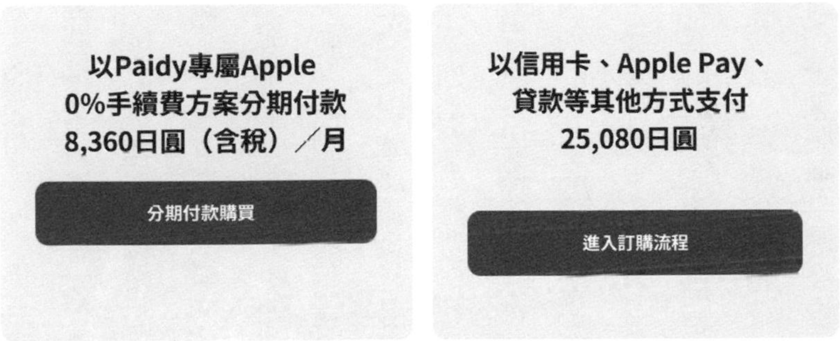

資料出處：https://www.apple.com/jp/shop/bag

顯示出Paidy的名稱和標誌。因此，大幅提高消費者對Paidy品牌的認知度（圖表4-11）。

就亞馬遜、蘋果和Paidy之間的勢力平衡而言，就算沒有出現Paidy的名稱也不足為奇，但這部分應該是已在契約中達成共識吧。Paidy的名稱每次都會顯示在結帳畫面上，如此一來，消費者將對Paidy逐漸產生熟悉感，而且被世界級大型企業的網站所採用，所以也令人產生信任感。然而，這是根據企業間的協議所決定，若是重視品牌形象一致性的企業，可能會希望連同結帳過程在內都不要出現Paidy的名稱吧。

反過來說也是一樣。像是初次使用新興的 D2C（Direct to Consumer，指直接面對消費者）網站，但電商網站缺乏可信度時，消費者會對於輸入地址和信用卡號碼這種個人資訊產生抗拒感。在這種情況下，如果電商網站嵌入 PayPay 或 Amazon Pay 等大家熟悉的支付方式，就能提高消費者對網站的信任度。假使就算找到自己想要的商品，因為不信任網站而放棄購買，運用上述方式可能有助於防止這類消費者離開網站。

以上介紹以金融機構和金融服務供應商的角度分析的三種合作模式。主要可以從希望向消費者宣傳自家品牌的程度，以及希望與消費者保持什麼程度的關係等觀點進行分類。

如果消費者對品牌不是那麼瞭解，企業對於徹底隱身幕後可能就沒有很大的排斥。不過如此一來，就必須放棄讓許多消費者認識品牌的想法。對於已有一定存在感的公司來說，透過與大型非金融公司建立合作夥伴關係，發展方向是以進一步提高品牌力為目標，但同時也將增加行銷成本和風險。雖說如此，金融機構和金融服務供應商也不願意完全隱身幕後吧。這個問題並沒有正確答案，端賴經營者大膽地做出決策。此外，不管是哪種情況，合作企業之間必須審慎協商由誰保有客戶資訊以及保有多少資訊。

新創公司應該採取何種行動

約莫在二〇一五年前後，在日本也迅速興起的金融科技熱潮，催生出眾多新創公司。其中有些企業已經上市，例如 Money Forward、Freee 和 WealthNavi 等公司，但有些企業則被迫出售事業或轉換方向，例如被 Mercari 收購的 QR code 支付公司 Origami。

身處在第三波金融科技浪潮的嵌入式金融潮流之中，也有企業考慮進一步轉換方向。接下來，從新創公司的角度來思考嵌入式金融時代可採取的方向。

(1) B2B 新創公司

以往就為既有金融機構提供服務，或最初是為消費者提供服務、後來轉換方向變成為既有金融機構提供服務的B2C新創公司，在這樣的情況下，要轉向嵌入式金融就相對容易許多。這是因為這些公司多半已經做好準備，將自己公司的服務透過API提供給其他公司使用，只是接受服務的對象從金融機構變成非金融公司而已。這類新創公司不需要停止為既有金融機構提供服務，可望在銷售管道中增加非金融公司而擴大銷路。

當然，前提是接受金融服務的企業要具備一定程度的金融相關知識，也必須商討以何種形式嵌入金融服務比較合適，但是跟那些只提供B2C服務的新創公司相比，這樣應該容易很多吧。

然而誠如第一章所述，日本非金融公司的技術水準並不高，因此當實際嵌入金融服務或進行維護管理時，恐怕將對新創公司造成沉重的負擔。

如果與擁有龐大客群的非金融公司合作，好處就是不用投入行銷成本就能增加自家服務的用戶數量。另一方面，也有被非金融公司抓住痛處，導致在合作談判時處於不利地位之虞。就非金融公司而言，與其和大型金融機構合作，不如和具備良好機動性與行動力的新創公司合作，能夠更迅速地嵌入金融功能並推出服務。雖然無法利用大型金融機構的品牌力來吸引客戶，但是對於已經擁有足夠客群的非金融公司來說，這一點應該不至於構成大問題。

(2) B2C新創公司

對於以往直接為消費者提供金融商品和服務的新創公司來說，參與嵌入式金融的行列將是公司政策的重大轉變。一般來說，B2C業務經常與既有金融機構相互競爭，許多新創公司在知名度和信任方面處於劣勢，因此很難獲得客戶，又因為行銷成本增加，導致難以獲利。針對這一點，如果是在嵌入式金融的架構下，新創公司可以將招攬客戶和客戶管理委由非金融公司處理，自己則專注於商品和服務的開發及管理。但是，如果完全退出B2C業務，專注於嵌入式金融，就等同放棄過往所建立的客戶交集，因此必須對此做出重大決定。

然而日本的情況是既有金融機構積極看待與新創公司的合作，但除了先前提到的大型電信業者等部分企業之外，可以感覺到非金融公司似乎對參與金融業務並不那麼積極。因此就B2C新創公司的情況而言，預計發展的順序將是先為既有金融機構提供服務，之後再為非金融公司提供服務。

「笨水管」也是銀行的選項之一

作者於二〇一六年出版《金融科技的衝擊》一書，並在「第五章：模組化金融服務」中提出預測：「傳統金融機構長期以來以綜合服務的形式提供金融服務，由於部分業務被金融科技公司蠶食而走向『拆分』化。最後將被迫提供按功能區分的模組式服務，而不是綜合服務。」

接著又說明：「就結果而言，雖然無法自行提供具有競爭力的服務，但又希望與客戶維持關係的金融機構，必須與金融科技公司攜手合作，透過自家平台為末端用戶提供金融科技公司的服務。換句話說，身處金融科技時代下的金融機構將類似亞馬遜的電子商務業務一樣成為平台營運商。在這種情況下，『API』就變得很重要。」

到目前為止，上述內容也與越來越多的金融機構以 BaaS 為目標的現況相符。不過，當時也表示擔憂「API的開放有可能導致金融機構就像電信業者一樣淪為「笨水管」（Dump Pipe）。正如電信業者無法提供終端設備和服務，被迫專注於提供線路的狀況被戲稱為「笨水管」一樣，對於既有金融機構來說，淪為笨水管就意味著銀行業務將僅限於帳戶的維護和管理。

不僅很難與其他公司做出差異化，最後還以消極的口吻總結：「就像日本電信三雄都提供iPhone，結果消費者不再堅持選擇哪家公司一樣，金融機構的客戶會認為只要能開戶，哪家銀行都無所謂，有可能使得金融機構陷入跟電信業者相同的情況。」

然而，在嵌入式金融即將開花結果的現在，對於既有金融機構來說，笨水管也未必是壞事。雖然確實是降低了在消費者面前的能見度，但是能透過非金融公司擴大業務範圍，進而創造機會，接觸以往無法接觸到的新客戶。如果能以執照持有者的身分創造新的收益，笨水管也能成為一個選項吧。

在美國，先前曾提到的綠點銀行、跨河銀行和Bancorp銀行等，這些持有銀行執照的銀行就是以「笨水管」的身分支援許多非金融公司。

若將視線轉向日本國內，很難想像巨型銀行會願意成為笨水管，但是繼日本網路銀行和大家的銀行之後，今後新誕生的數位銀行很可能將承擔起這個角色。這是因為大型非金融公司擁有成千上萬的客戶群，對於新興的網路銀行和數位銀行來說極具吸引力。如果他們能接觸到如此龐大的客戶群，應該就不會嫌棄自己成為笨水管吧。

另一方面，巨型銀行已經擁有數千萬計的帳戶，在充分利用既有客群的同時，又以執照持有者的身分與非金融公司合作，可開拓不同的客戶群，尋找新的獲利來源。屆時可參考在第二章中曾說明過的高盛公司案例。

第五章
嵌入式金融的未來

朝向超級應用程式發展的嵌入式金融

超級應用程式（Super APP）可作為預測嵌入式金融未來發展時的參考。所謂超級應用程式，是指將智慧型手機上常用的應用程式，如訊息、社群媒體、支付、匯款、叫計程車、預定航班和飯店以及電子商務等，全部整合在一起的平台化應用程式。

中國的騰訊公司經營的即時通訊應用程式「微信」（WeChat）、阿里巴巴旗下提供支付服務的「支付寶」（AliPay）、印尼提供叫汽車服務的「Gojek」以及新加坡提供叫車服務的「Grab」等，各家公司都逐步擴大其核心服務並發展成超級應用程式。

例如，全球第一個超級應用程式「微信」，除了聊天之外，還有購物、訂票，從無現金支付、稅務申請到線上診療等，提供超過百萬種各式各樣的應用程式，可應用於日常生活的所有場景（圖表 5-1）。

一般來說，可以在超級應用程式內啟動的應用程式組被稱為「迷你應用程

圖表 5-1　微信的超級應用程式示意圖

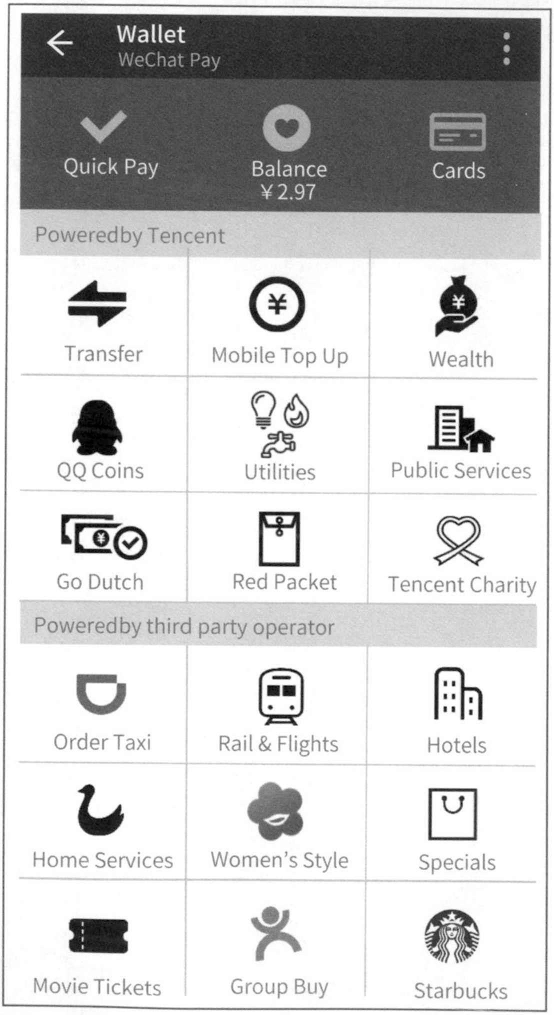

資料出處：野村綜合研究所根據微信 APP 製成

式」（Mini App）。超級應用程式是從應用程式商店下載和安裝的應用程式（原生應用程式），但迷你應用程式不需要單獨下載，只要在出現支付等需求時，進行加載即可使用。因此用戶無須擔心智慧型手機的容量問題，只需下載一次超級應用程式就能使用所有的迷你應用程式。更新應用程式時也是如此，不需要逐項更新迷你應用程式。

對用戶來說，另一個很大的好處就是可以省去輸入帳號和密碼的麻煩。只要登入一次超級應用程式，在使用個別的迷你應用程式時就會沿用登入時輸入過的資訊，所以可以立即使用。由於迷你應用程式可共用信用卡等資訊，因此不需要在每個迷你應用程式裡綁定信用卡資訊，大幅減輕用戶負擔。

從企業端的角度來看，超級應用程式的優勢在於能夠留住用戶。由於超級應用程式僅用一個應用程式提供多種服務，因此能夠滿足用戶的各種需求。換句話說，只要使用自家公司的超級應用程式，就能在同一個應用程式內完成所有的事情，盡可能降低用戶流向其他公司的應用程式。

那麼如果在超級應用程式中嵌入支付、甚至是匯款和借貸等金融服務呢？

如果在日常使用的超級應用程式當中就包含了這些金融服務，當用戶出現金融需求時，這將成為用戶的不二首選，不是嗎？這正是嵌入式金融的概念，也就是「將金融服務嵌入與日常使用的服務相同動線中」。

先前說明過的 Mercari 應用程式已經嵌入 Merpay 掃碼支付和 Merpay Smart Money 小額貸款等金融服務，雖然目前 Mercari 應用程式要稱為超級應用程式，它裡面的應用程式還算少，但是正在逐漸增加功能，例如可以將 Merpay 餘額捐贈給聯合國教科文組織等慈善公益團體或地方政府的「Mercari 捐贈」，今後就算能用 Merpay 餘額訂票或叫計程車也就不足為奇了。

超級應用程式是智慧型手機時代的入口網站

根據日本總務省情報通信政策研究所（IICP）在二〇二〇年一月進行的調查顯示，日本所有年齡層的智慧型手機使用率達九十一％，已超過九成；其中五十歲到五十九歲會使用手機的比例為八十八％，六十歲到六十九歲使用手機

圖表 5-2　行動裝置的使用率（2019 年度）

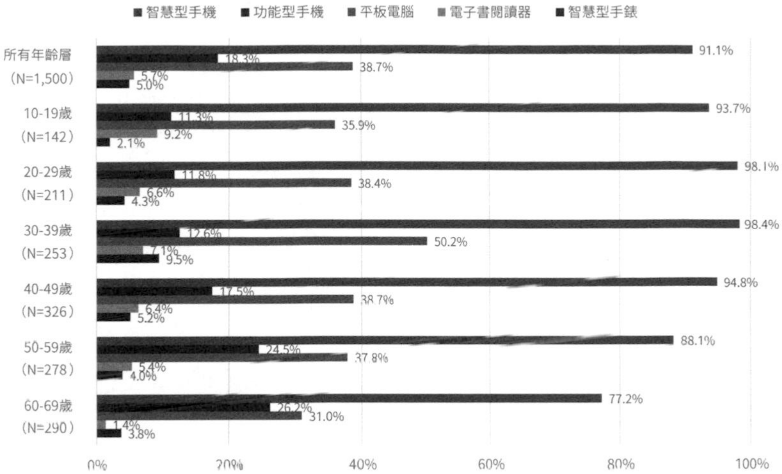

資料出處：日本總務省情報通信政策研究所「2019 年度資訊通信媒體的使用時間和資訊行爲相關調查報告書」https://www.soumu.go.jp/main_content/000708015.pdf

的比例也有七十七%，顯示出智慧型手機不僅滲透年輕世代，也擴及到中老年人（圖表 5-2）。

此外，關於智慧型手機應用程式的使用情況，根據尼爾森在二〇二〇年三月公布的調查結果顯示（該調查於二〇一九年十二月進行），在智慧型手機的使用時間當中，應用程式就占了九十二%，使用瀏覽器的時間僅占八%（圖表 5-3）。從這些調查結果可以看出，身處在智慧型手機普及的現代社會中，企業為了接近客戶，如何讓客戶安裝和使

圖表 5-3　應用程式和瀏覽器占智慧型手機使用時間的比例

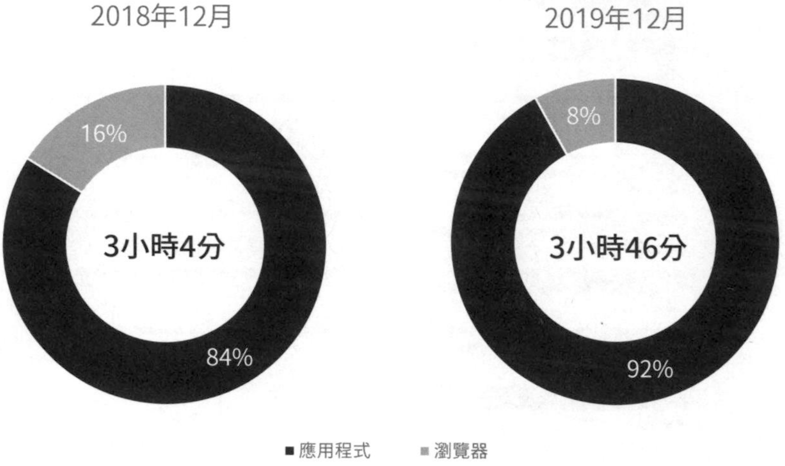

資料出處：野村綜合研究所根據 https://www.nielsen.com/jp/ja/insights/article/2020/20200326-digital-smart phone-apps-trend/ 製成

用自家公司的應用程式是非常重要的事。不過，這絕對不是一件簡單的事。

消費者可透過應用程式商店（APP Store），從眾多應用程式中自由安裝自己喜歡的應用程式。不過，實際情況卻是消費者會使用到的應用程式數量有限。根據前述尼爾森的調查結果顯示，平均來說，十八歲以上的人每天會使用到的應用程式數量只有八・八個。由此可知，消費者在日常生活中會使用的就是固定的幾個熟悉的應用程式而已。

雖然要躋身只有九個的「基本應用程式」極為困難，但超級應用程式的目標正是這個基本應用程式的寶座。在智慧型手機普及之前、只能用個人電腦上網的時代，消費者會先打開瀏覽器並造訪入口網站。以搜尋引擎為主的入口網站，就如同字面意思一樣，其功能就是獲得各種資訊的入口。在日本開始使用網路之後，雅虎之所以沒過多久就占據主導地位，就是因為它是獲得大多數用戶支持的入口網站。超級應用程式或許可稱為智慧型手機時代的入口網站。

以成爲超級應用程式爲目標的新生Z控股

以這個觀點重新審視雅虎旗下的Z控股與LINE的經營整合就非常耐人尋味。不可否認的是，隨著谷歌出現使得雅虎在搜尋引擎的市占率下滑，再加上智慧型手機時代來臨也讓雅虎的影響力逐漸式微。對雅虎來說，與LINE的經營整合是在智慧型手機時代重新掌握霸權的方式。

雅虎出資的PayPay從以前就表明要以成為超級應用程式為目標。二〇一九年十一月二十八日開始提供迷你應用程式，可在PayPay應用程式內使用由合作夥伴所提供的服務。在撰寫本書時，已推出八個迷你應用程式，除了網上購物（PayPay Mall）和跳蚤市場應用程式（PayPay Flea Market）之外，還有Uber Eats和松屋（Matsuya Foods）的便當預訂服務等。由於經營整合的緣故，使得PayPay和LINE Pay的功能有所重疊，遂於二〇二二年四月前合併為PayPay，因此今後在獲得LINE Pay用戶的同時，將加快PayPay轉型為超級應用程式的腳步。

另一方面，LINE也是從以前開始就以超級應用程式為目標。二〇二〇年七月，在LINE應用程式中推出「LINE迷你應用程式」，用戶可確認美容院是否有空位並預約空位、確認迴轉壽司店的等待時間、接受等待名單等應用程式。

二〇二一年五月，三井住友信用卡在日本金融業界率先使用LINE迷你應用程式。藉由與該公司為信用卡會員提供的「Vpass」服務合作，除了查看支付金額、使用明細和點數餘額之外，還能透過迷你應用程式完成各項變更手續。

雖說和以前相比影響力看似減弱，但雅虎依舊是日本最大的入口網站，同時仍展現其存在感。所以連同雅虎在內，今後Z控股將如何朝向超級應用程式發展，目前仍不得而知。Z控股的作法究竟是以各自的核心服務為主軸，例如PayPay著重於支付、LINE偏重在通訊等，並以實現共存共榮為目標呢？還是將重疊的服務進行整合，以成為超級應用程式為目標呢？

儘管乍看之下有些服務內容似乎重疊，但是各自的客群和定位卻不相同。舉例來說，雅虎有「Yahoo!新聞」，LINE也有「LINE新聞」，雖然各自提供新聞服務，但LINE新聞受到二十歲到二十九歲女性的支持，而雅虎新聞的讀者群主要是四十五歲到五十歲的人。如果將兩者合併為一體，將會流失其中一方的讀者吧。

無論如何，可以肯定的是該公司在實現日本版超級應用程式的競賽中處於領先的地位。提供視聽行為分析服務的尼爾森數位公司（Nielsen Digital）在二〇二〇年十二月公布的「二〇二〇年日本前十大智慧型手機應用程式的到訪率」中，LINE排名第一、雅虎排名第八、PayPay排名第九，排名與谷歌幾乎呈分庭抗禮的局面（圖表5-4）。

既然超級應用程式是一種平台業務，首先就必須具備超強集客力的應用程式，否則一切都是空談，這是因為其他公司會對超級應用程式的集客力懷抱期待而考慮與平台合作。就這一點而言，擁有三個排行日本國內前十大應用程式的Z控股，可說是占了非常大的優勢。

電信業者的超級應用程式策略

Z控股在實現日本版超級應用程式方面處於有利地位，這是無庸置疑的事，但其他陣營也並非只是袖手旁觀。這是因為看到微信和支付寶在中國的繁榮興盛，深知在智慧型手機時代，超級應用程式可成為入口網站的重要性。

前面提到的電信業者已經開始著手推出超級應用程式。例如，PayPay在二〇一九年十一月二十八日發表迷你應用程式，NTT DOCOMO也是同一天開始在QR code支付的「d支付」應用程式中搭載「迷你應用程式」功能。

圖表 5-4 2020 年日本前十大智慧型手機應用程式的到訪率

排名	服務名稱	每月平均到訪率	與前一年相比
1	LINE	83%	+0 個百分點
2	YouTube	65%	+4 個百分點
3	Google App	56%	+3 個百分點
4	Google Maps	54%	-6 個百分點
5	Gmail	54%	+3 個百分點
6	Google Play	47%	+3 個百分點
7	Twitter	45%	+0 個百分點
8	Yahoo! JAPAN	43%	+1 個百分點
9	PayPay	41%	+21 個百分點
10	Apple Music	39%	-5 個百分點

※2020 年 1 月到 10 月的資料：每月平均到訪率
※AppleMusic 包含 iTunes Radio / iCloud

資料出處：野村綜合研究所根據 https://prtimes.jp/main/html/rd/p/000000033.000047896.html 製成

首波推出的就是計程車的叫車服務「Japan Taxi」。使用 d 支付應用程式叫計程車，車費也是直接用 d 支付結帳。接著又增加共享單車「bike Share」，以及牛丼連鎖店吉野家和 SUKIYA、日式煎餃連鎖店大阪王將的外帶預約等服務。在應用程式內發送可在 d 支付的加盟商店使用的各種優惠券，為加盟商店提供客源。

這不是單指 d 支付，目前的 QR code 支付服務不僅提供支付功能，也具備為加盟商店提供客源的功能。集客力較弱的中小型加盟商店不會只因為手續費用便宜就選擇導入支付服務，「能把多少顧客帶進自己的店裡」也是非常重要的一點。關於這一點，由於掃碼支付服務能為消費者提供簡單明瞭的好處，例如打開應用程式就能獲得優惠券，因此有助於招攬顧客。這是掃碼支付特有的優勢，信用卡和交通 IC 卡等卡片就不具備這樣的優勢。

d支付應用程式目前尚未提供支付以外的金融服務。透過先前曾提到與三菱日聯銀行的合作，預計今後會有新的發展。

KDDI 也從二〇二〇年二月開始，將原來的「au 錢包應用程式」重新命名為「au PAY 應用程式」，同時藉此宣布以「具有強大金融服務的超級應用程式」為目標。誠如前述，該公司從二〇〇八年設立「Jibun 銀行」開始，隨後在二〇一〇年推出 au 簡單支付、二〇一四年推出 au 錢包等，多年下來一直積極投入金融服務。二〇一九年十二月，該公司宣布與羅森便利商店進行資本和商業聯盟，將點數服務統一為「Ponta」，如此一來會員人數已經超過一億人，因此判斷邁向超級應用程式的時機已經成熟了吧。

該集團旗下擁有 au Kabu.com 證券、au 資產管理和 au 產物保險等金融公司。透過旗下這些金融公司提供的金融服務，包括存款、投資信託、貸款和保險等，還增加了餐飲店的訂餐、計程車預約等服務，做好推動超級應用程式的準備。

KDDI 在推動超級應用程式之際，與 NTT DOCOMO 一樣，核心在於掃碼支付服務 au PAY。正如 Z 控股的情況，為了取得成功，不可欠缺的就是消費者日常使用的應用程式，於是每天購物時都會用到的支付應用程式就浮上檯面了。不過，已經有很多企業加入掃碼支付的戰局，市場競爭越來越激烈。而大規模宣傳活動也發揮效果，無論是加盟商店還是用戶數量，au PAY 都遠不及於 PayPay。

以往未向加盟商店收取手續費的 PayPay，自二〇二一年十月起開始收取支付手續費用。相對於此，au PAY 除了新簽約的加盟商店外，對於既有的加盟商店也推出一年內免收支付手續費的方針（NTT DOCOMO 僅限新簽約的商店）。加盟商店的爭奪直接關係到掃碼支付的市占率之爭，而掃碼支付的市占率將決定超級應用程式戰略的成功與否。關於支付手續費，今後各家公司之間的拉鋸戰將會持續下去吧。

KDDI的優勢在於集團內已經擁有完整的金融商品陣容，如果結合集團內的各種服務就能相互提供客源。舉例來說，推出結合電力服務、au線路和Jibun銀行房貸利率的活動，如果一併簽約電力服務「Jibun電氣」和au線路，au Jibun銀行房貸的年利率最高可調降○・一％。

除此之外，au Jibun銀行的信用卡貸款為au ID用戶提供每年最高○・五％的利率優惠，又與au Kabu.com證券公司合作，讓日圓活期存款帳戶享有利率優惠。

以樂天經濟圈為後盾，樂天也正式加入戰局

閱讀至此的讀者或許已經注意到，集團內擁有金融公司，以點數為核心實現互送客源的方法，這是樂天一直以來的強項。樂天集團提供樂天支付、樂天

信用卡、樂天銀行、樂天證券、樂天人壽和樂天產物保險等金融服務，使用樂天市場和樂天電信等各種服務累積的樂天點數，一年的發行量約高達五千億點。

到目前為止，雖然樂天點數可用於樂天銀行的匯款手續費和外幣存款，或是用於「點數投資」、在樂天證券購買投資信託和國內股票，但是每項服務的應用程式都是獨立存在，尚未達到無縫接軌的合作模式。

不過，從二〇二一年八月起，在「樂天支付」（Rakuten Pay）應用程式中，除了有「樂天信用卡」、「樂天銀行」和「點數運用」等金融功能之外，還增加了高爾夫球場預約網站「樂天GORA」、來店就能獲得點數的應用程式「樂天Check」，以及發送收據就能獲得樂天點數的「樂天帕夏」（Rakuten Pasha）等功能，而且可從樂天支付應用程式中使用這些服務。

雖然樂天可說是往超級應用程式的目標邁出了第一步，但目前能做的事情仍然有限。例如，雖然用戶能查看樂天信用卡的使用紀錄，也能查詢樂天銀行帳戶的餘額，但是想要查詢時，必須分別到樂天信用卡和樂天銀行的應用程式內進行。儘管應用程式能為樂天集團所提供的各種服務發揮入口的功能，但是我覺得要實現真正的超級應用程式還需要一段時間。此外，從嵌入式金融的觀點來看，希望在消費者預約高爾夫球場的同時也一併推薦意外險。雖說如此，該集團從十多年前就開始標榜「樂天經濟圈」，旗下所屬公司提供充實豐富的服務，這一點讓樂天集團在日本企業中出類拔萃，樂天ID的發行數量已超過一億個、點數的發放量也位居日本全國之首。對於Z控股來說，最大的威脅或許就是樂天。

專欄

谷歌推出超級應用程式的可能性

誠如前述，二〇二一年七月谷歌在日本收購pring的消息曝光後，一時成爲熱門話題。在日本國內的掃碼支付市場上，pring是一間被隱藏在

PayPay、d支付、au Pay和樂天支付等行動支付的陰影之下，就算要說恭維的話也稱不上引人注目的公司，那麼谷歌收購 pring 的目的何在？雖然引起諸多猜測，但衆多理由之一就是 pring 是沒有依附在日本大型企業之下的獨立存在。

換句話說，其他掃碼支付服務是 Z 控股、NTT DOCOMO、KDDI 和樂天等各家公司爲了發展超級應用程式的核心，但 pring 並不隸屬於任何公司。雖然這樣說很抱歉，但難免讓人覺得這是因爲對谷歌來說，pring 是一間容易控制的公司。

雖說 pring 在支付市場上不是知名度很高的公司，但是已經與巨型銀行、網路銀行和地區銀行等超過五十家的金融機構建立合作關係，不僅適用於個人，也推出企業團體可向個人的智慧型手機匯款的法人服務，在日本已架構完善的基礎設施可進行支付和匯款服務。如果谷歌今後要在日本市場正式啟動支付和匯款服務，而且未來有意發展超級應用程式，那麼也能理解谷歌收購 pring 的這齣收購劇碼了。

以金融版超級應用程式爲目標的三菱日聯銀行

就 KDDI 提出「具有強大金融服務的超級應用程式」的觀點而言，銀行本身對於提供「金融版超級應用程式」也開始有所行動。「Money Canvas」是三菱日聯銀行在二〇二一年九月宣布的建立資產綜合支援服務，雖然沒有使用「超級應用程式」一詞，但卻標榜這是在智慧型手機應用程式上建立資產，提供各類金融商品和服務的「資產管理平台」。

具體來說，除了三菱日聯日本信販（UFJ NICOS）、三菱日聯信託銀行和三菱日聯摩根史坦利證券等三菱日聯金融集團（MUFG Group）旗下的公司外，還與大和證券集團、au Kabu.com 證券、東京日動火災保險和損害保險日本等非三菱日聯體系的公司，以及 WealthNavi 和 Funds 等金融科技公司攜手合作，計畫逐步提供股票、投資信託、共同金錢信託、自動化投資顧問、債權型群眾募資、保險等金融服務。

Money Canvas 使用 Finatext 的「數位金融的整合平台」（圖表 5-5）作

為開發平台。這個平台不僅可以在一個平台上提供不同金融機構的商品和服務，還能整合帳戶為一，因此可用一個帳戶使用多家金融機構的服務。這就像是金融版的超級應用程式。

然而從消費者的角度來看，能用一個帳戶使用所有的服務固然很方便，但這也意味著所有的行為都會被當成數據記錄下來。這方面就需要注意吧。

在撰寫本書時，這項服務尚未釋出，至於能吸引多少用戶也不得而知。因為專門提供金融服務，所以原本就對金融不感興趣的消費者應該不會想要安裝吧。一般認為民眾金融素養並不是那麼高的日本，對這項服務的接受程度又是如何？有別於先行發展的 PayPay 和電信業者，由於這不是以消費者每天使用的應用程式為基礎，因此首先必須努力提高知名度，讓消費者願意安裝。

已經宣布合作關係的三菱日聯金融集團以外的公司，對三菱日聯品牌的集客力寄予厚望。不過，假使沒能如預期般吸引到那麼多客戶，即使馬上退出也不足為奇。如果雙方只是智慧型手機應用程式內的合作關係，那拆夥時的退出成本也很低。

圖表 5-5　Finatext 的「數位金融的整合平台系統」

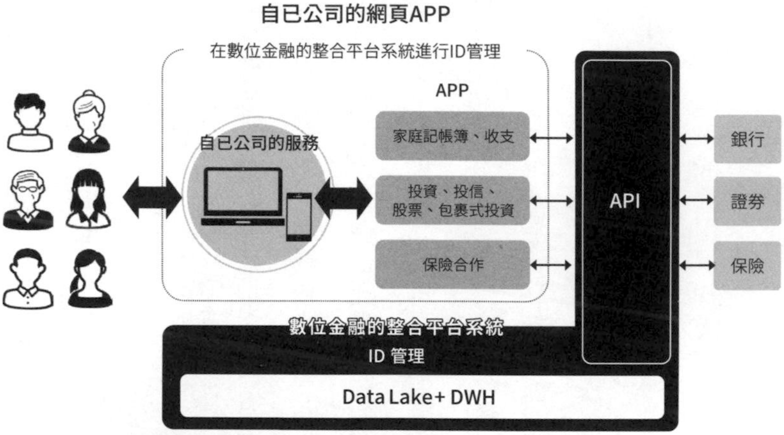

資料出處：野村綜合研究所根據 https://finatext.com/news/20210902/ 製成

誰將成爲日本版超級應用程式的贏家

要在日本市場催生一個像中國的微信或支付寶這樣的超級應用程式，首先不可缺少的就是一款擁有超強集客力的應用程式。就這一點來說，無論男女老少，每天都會使用且擁有眾多用戶的LINE還是最有實力的應用程式。

以掃碼支付應用程式為起點的電信業者當然也很有實力，但正如字面的意思，這種應用程式主要用於支付，在使用時間零碎的情況下，比起LINE就相形見絀。只不過，若能透過日常使用提高知名度，用戶自然也會多使用其他應用程式（迷你應用程式）吧。電信業者的優勢就在於透過使用智慧型手機自然而然積累的點數。使用同一家電信業者的時間越長，累積的點數就越多，對於重視點數的用戶來說，這將成為更換電信業者的阻力。換句話說，在推出超級應用程式之前就已經被各家公司的「點數經濟圈」綁住的用戶，高度可能也會順勢成為超級應用程式的用戶。

儘管樂天擁有樂天市場等豐富多樣的服務，但是沒有一個可被稱為「壓倒性第一」的殺手級應用程式。因此一般來說，很難成為日本國內獨一無二的超級應用程式。但反過來說，樂天在日本國內的點數經濟圈展現出強烈的存在感，即使在超級應用程式中也具有很大的優勢。

以日本的情況來說，點數經濟圈具有左右用戶行為的巨大影響力，而很難預測超級應用程式的成敗。這是因為不能單以使用者數量或應用程式的豐富程度來衡量成敗。

在過去的一、兩年裡，Mercari 和 d點數的合作、Ponta 和 au WALLET 點數的整合等，大型企業相繼聯手，進一步擴大各自的點數經濟圈。藉由企業間的合作，未來將逐漸整合百家爭鳴的點數經濟，很可能直接將戰場轉移到超級應用程式上。在這場戰役的背後，正在展開一場大規模的點數整合活動，同時敦促用戶將他們的 ID 串聯起來，例如 Mercari ID 和 d帳戶、au ID 和 Ponta 會員 ID 等，另一方面，這也是一場用戶數據的爭奪戰。

從企業的角度來看，若能將以往個別存在的 ID 串聯起來，就能精確掌握用戶行為，這有助於融資時的授信，甚至可在適當的時機提供個人化的金融服務，對嵌入式金融來說有很大的好處。

專欄

中國的超級應用程式也面臨「瓦解」

二〇二一年九月十四日，英國《金融時報》報導，中國監管機構已下令拆分擁有超過十億用戶、中國兩大超級應用程式之一的支付寶。具體而言，就是將類似傳統信用卡服務的「花唄」，以及提供小額無抵押貸款的「借唄」從事業主體中分離出來，轉移至由國有銀行主導的新公司，據悉這兩項業務將合併成一個獨立的應用程式。此外，似乎還要求螞蟻集團將其用來判斷貸款與否的用戶數據移交給新公司。

以花唄和借唄爲代表的支付寶融資業務，利潤相當豐厚，目前在經營支付寶的螞蟻集團中占總收益的三十九%，已超過支撐支付寶成長的支付業務（三十六%）。如果這項命令付諸實行，除了收益方面將遭受重大打擊之外，未來也無法單獨進行授信。迄今爲止，授信流程已經完全融入支付寶中，「在幾秒鐘內進行授信判斷」是其一大亮點。

此舉是中國政府近年來對大型科技公司加強管控力道的一環。中國政府認爲這些科技公司的競爭力來自於對數據的掌控，進而加強防範措施。具體的表現就是不僅要求分割應用程式，還要求交出用戶數據。

據悉在二〇二〇年，支付寶的融資業務規模已達到約占中國國內消費貸款（不包括房屋貸款）的十分之一。近幾年來，由於對谷歌、亞馬遜和臉書等ＩＴ巨頭主導市場的力量產生危機感，世界各國積極加強規範。如果超級應用程式眞的如同字面意思變得過於「超級」，同樣也有可能受到某種形式的規範。

嵌入式金融的商機

到目前為止，我們主要著眼於超級應用程式並展望嵌入式金融的未來，但並不是只聚焦在超級應用程式。根據第二章和第三章所介紹的海外趨勢，也從中還能看到其他商機。

在 B2C 商業模式下，比較容易想像先買後付這類嵌入式金融的架構，但如果是 B2E（企業對員工）或 B2B（企業對企業），或許就難以想像了。然而就是這塊難以想像的領域蘊含了沉睡中的龐大商機，特別是 Shopify、亞馬遜等為開店商家提供嵌入式借貸的案例，潛藏著適用於各種業界市場的可能性。

舉例來說，如果是以樂天旅遊和 Jalan 為代表的住宿預訂網站，可掌握網站內的飯店預約情況和口碑資訊。因此，經營網站的企業就具有提供嵌入式借貸的潛力；餐廳的預訂網站亦然。一般來說，這些企業當然不具備授信和風險管理的專技知識，雖然需要借助金融機構的協助，但是應該可適用於嵌入式金融的架構。

從開展 B2B 事業和掌控客戶公司金流的觀點來看，雲端會計軟體和 POS 收銀機供應商的前景可期。雖然已有供應商提供企業商務卡或是活用銷售額和支出資訊的融資服務，但必須透過合作銀行的網站申請，也有稍微欠缺流暢度的一面。如何將金融服務無縫接軌嵌入自家公司的既有服務中，將是今後的課題吧。

另外像是群眾外包（Crowdsourcing）等，這類為打零工者和自由工作者提供服務的企業也蘊含很大的商機。傳統金融機構在提供貸款時，會根據申請人的工作地點、服務年資、年收入等資料進行審查，所以自由工作者和打零工者很難通過審查。但是，就像美國的 Uber 和 Lyft 為司機提供各種金融服務一樣，除了融資之外，也可考慮提供信用卡和簽帳金融卡。

自二〇一八年一月起，大型群眾外包平台的 Lancers 開始向自家公司的會員提供融資服務「自由業借貸」（freelance lending）。該服務由從事網路融資服務的合作公司 LENDY 提供，根據 Lancers 介紹工作的委託人給予的工作評價結果、報酬金額和徵信機構等相關資訊，決定可借貸金額（上限為一百萬日圓）和利率等借貸條件。LENDY透過與Lancers的帳戶合作獲取資料、分析數據並自動進行審核，因此整個流程速度很快，提出申請後最快在第二個工作日就能入帳。當然也不需要準備繁瑣的文件和郵寄等，透過網路就能完成手續。

此外，關於薪資的「數位支付」，日本政府目前正在討論解除禁令，未來的發展動向也值得密切關注。數位支付不是一般的銀行轉帳，而是使用經營匯兌業務的公司提供的服務（如預付卡）支付薪資，預計此舉將有助於保障那些難以開設銀行帳戶的外國勞工。這種預付卡在美國被稱為「薪資卡」（payroll card），由企業發行薪資卡並以儲值的形式支付薪資的方法已廣為普及。如果解除禁令，金融科技公司可作為嵌入式銀行，輕鬆發行預付卡和簽帳金融卡，對提供服務的金融科技公司來說是很大的商機。

相反的，對於一直以來以薪資帳戶獲得新客戶的銀行來說卻是沉重的打擊，因為解禁後將導致一般消費者不再去銀行開戶。

近年來，在金融科技和數位化的潮流中，政府頻繁修訂金融領域的相關法律。法律修訂大多是金融廳和相關機構召開為期一至兩年的專家會議進行審議，並適時公布會議資料。到目前為止，因為法律修訂、鬆綁規範管制而不斷催生新的商機，在探討新事業之際，建議也要密切關注這些會議的討論情況。

結語

就在本書即將完成校稿之際，卻傳來一則重大新聞。根據美國《華爾街日報》在二〇二一年十月的報導，谷歌已放棄開發第三章所介紹的數位金融服務「Google Plex」。

誠如前述，谷歌預定於二〇二一年開始提供Google Plex，但是在撰寫本書的過程中，並沒有任何相關消息，就在我感到有些不可思議的時候看到這則新聞。一來這是由谷歌提供的數位金融服務，而且千禧世代和Z世代對Google Plex展現出濃厚的興趣。

身為執照持有者，曾宣布與谷歌建立合作夥伴關係的金融機構也對此寄予厚望。由於是谷歌設計的應用程式，又能接觸到注重技術的龐大用戶群，特別是沒有數位專技知識的中小型銀行對此抱持著樂觀其成的態度。實際上，先前提過的基石諮詢顧問公司曾在二〇二〇年時，以中小型金融機構的高階主管為對象進行問卷調查，結果顯示每四個人當中就有一人表示正在考慮與谷歌合作。

但滿懷期待的不只是中小型金融機構。曾宣布與谷歌合作的大型金融機構花旗集團，其現任執行長范潔恩（Jane Fraser）在就任執行長之前的二〇二一年初參與 Google Plex 的宣傳影片拍攝，並表達出她對 Google Plex 的期許。報導指出，望穿秋水等待著 Google Plex 公布，並在花旗集團的等候名單上登記的客戶數量已經增加到四十萬人以上，聽說目前仍以每週一萬人左右的速度持續增加中。

據報導，谷歌放棄開發 Google Plex 的理由是「因為擔心提供銀行帳戶，將會被大型銀行視為競爭者」。谷歌的雲端部門將金融業視為其主要目標之一，包括美國銀行、摩根大通和富國銀行等大型銀行都是谷歌的客戶，而且這些金融機構大多已經提供數位金融服務。

雖然尚未透露具體名字，不過，據悉谷歌很可能是面臨來自這些金融機構的阻力，所以才決定放棄。谷歌一直以來都在顛覆既有的廣告業和媒體業，換句話說，金融業也擔心會遭受到類似的破壞。

不過，谷歌並沒有退出金融服務領域。谷歌發言人表示：「今後將不再以供應商的角色提供金融服務，而是回到數位技術賦能者的身份，為銀行和金融機構提供服務」。

即使是以壓倒性的技術實力和品牌力席捲世界的谷歌，在進入新的業務領域時，考量到現有的商業夥伴也不得不退出新領域。這件事雖然可說是因為谷歌的影響力所致，但對於今後考慮進軍其他行業、特別是金融業的日本企業來說，也必須考量到現有的合作夥伴。

另一方面，在跨過這類障礙的前方，藏有沉睡中的巨大商機也是事實。因此我對於日本企業今後的努力滿懷期待。

國家圖書館出版品預行編目 (CIP) 資料

嵌入式金融大衝擊！：從 Google、Apple，到 IKEA、賓士，科技巨擘與零售龍頭都爭先布局的創新金融版圖 / 城田真琴著 ; 駱香雅譯 . -- 初版 . -- 臺北市 : 商周出版 : 英屬蓋曼群島商家庭傳媒股份有限公司城邦分公司發行 , 民 112.2
面 ; 公分
譯自 : エンベデッド・ファイナンスの衝撃
ISBN 978-626-318-577-7(平裝)

1.CST: 金融管理 2.CST: 金融自助化 3.CST: 數位科技

561.7 112000353

新商業周刊叢書 BW0817

嵌入式金融大衝擊！

從Google、Apple，到IKEA、賓士，科技巨擘與零售龍頭都爭先布局的創新金融版圖

原文書名／エンベデッド・ファイナンスの衝擊
作者／城田真琴
譯者／駱香雅
企劃選書／黃鈺雯
責任編輯／陳冠豪
版權／吳亭儀、林易萱、江欣瑜、顏慧儀
行銷業務　周佑潔、林秀津、黃崇華、賴正祐、郭盈君

總編輯／陳美靜
總經理／彭之琬
事業群總經理／黃淑貞
發行人／何飛鵬
法律顧問／台英國際商務法律事務所
出版／商周出版
台北市中山區民生東路二段 141 號 9 樓
電話：(02)2500-7008　傳真：(02)2500-7759
E-mail：bwp.service@cite.com.tw
Blog：http://bwp25007008.pixnet.net/blog
發行／英屬蓋曼群島商家庭傳媒股份有限公司城邦分公司
台北市中山區民生東路二段 141 號 2 樓
書虫客服服務專線：(02)2500-7718・(02)2500-7719
24 小時傳真服務：(02)2500-1990・(02)2500-1991
服務時間：週一至週五 09:30-12:00・13:30-17:00
郵撥帳號：19863813　戶名：書虫股份有限公司
讀者服務信箱：service@readingclub.com.tw
歡迎光臨城邦讀書花園　網址：www.cite.com.tw
香港發行所／城邦（香港）出版集團有限公司
香港灣仔駱克道 193 號東超商業中心 1 樓
電話：(825)2508-6231　傳真：(852)2578-9337
E-mail：hkcite@biznetvigator.com
馬新發行所／城邦（馬新）出版集團【Cite (M) Sdn. Bhd.】
41, Jalan Radin Anum, Bandar Baru Sri Petaling,
57000 Kuala Lumpur, Malaysia.
電話：(603)9056-3833　傳真：(603)9057-6622
E-mail: services@cite.my

封面設計／兒日設計　內文排版／林惠儀
印刷／韋懋實業有限公司
經銷商／聯合發行股份有限公司　電話：(02)2917-8022　傳真：(02) 2911-0053
地址：新北市新店區寶橋路 235 巷 6 弄 6 號 2 樓

Original Japanese edition published by TOYO KEIZAI INC

This Traditional Chinese edition published by arrangement with TOYO KEIZAI INC., Tokyo

■ 2023 年（民 112 年）2 月初版

Printed in Taiwan
城邦讀書花園
www.cite.com.tw

定價／390 元（紙本）　270 元（EPUB）
ISBN：978-626-318-577-7（紙本）
ISBN：978-626-318-579-1（EPUB）